KB232208

카페를 100년간 이어가기 위해

카페 바흐, 타구치 마모루의 경영 노트!

카페를 100년간 이어가기 위해

Cafe Bach

"창업보다 몇 배 어려운 것이 가게를 제대로 운영하는 일입니다."

타구치 마모루 | 윤선해 옮김

황소자리

한국에서 저의 책 《카페를 100년간 이어가기 위해》가 번역 출판되는 것을 무한한 영광으로 생각합니다. 지금 한국에서는 원두커피 붐이 일고 있으며 서울에만 5만여 개에 달하는 카페가 성업 중에 있다는 얘기를 어디선가 들었습니다. 저는 최근에 직접 한국을 방문할 기회가 있었습니다. 거리마다 쉽게 눈에 띄는 각양각색의 개성적인 카페들을 보면서 많이 놀라기도 하고, 동시에 카페를 경영하는 사람으로서 기쁜 마음이 컸습니다. 역사적인 박물관과 고궁 등을 방문했을 때, 문화재 관리의 우수함과 더불어 사람들의 친절에도 감격했습니다. 이처럼 문화의 가치를 높게 여기는 한국이기에 앞으로도 문화를 키워내는 장소인 카페가 계속해서 늘어나리라 예상합니다.

다만 일본에서도 그렇듯이 유행을 타고 새로 창업한 카페의 대부분이 몇 년 사이에 사라져버리고 있습니다. 그만큼 카페를 안정적으로 경영하는 일이 힘들다는 뜻입니다. 그래서 저는 한 점포라도 더 지속되었으면 하는 바람에서, 오랜 세월 동안 제가 체득한 중요한 경영 비법들을 좀더 많은 분들과 공유하고자 이 책《카페를 100년간 이어가기 위해》를 썼습니다.

저는 노동자의 주거지역이라고도 불리는 도쿄의 산야에서 '카페 바흐'를 40년이 훌쩍 넘는 시간 동안 경영해오고 있습니다. 예기치 못한 고난과 역경이 여러 차례 반복되었지만 10년, 20년 가게를 이어오는 사이, 대부분이 지역 주민인 손님들과 풍요로운 관계를 만들어올 수 있었습니다. 이 책《카페를 100년간 이어가기 위해》에서 저는 카페 바흐가 어떻게 한 지역에 오랫동안 뿌리를 내리고 사랑받을 수 있었는지, 어떤 사건과 변화가 있었는지 등을 아낌없이 풀어냈습니다. 카페를 창업하려고 마음먹고 있거나, 혹은 이미 개업했지만 미래가 불안한 분들에게 도움이 되길 바랍니다. 그리하여 이 책이 한국의 카페문화 발전에 조금이라도 기여할 수 있기를 희망합니다.

2012년 가을
'카페 바흐' 대표 타구치 마모루

카페 바흐를 개업한 지 벌써 40여 년이 지났습니다. 부부가 단출하게 꾸리던 작은 커피숍은 훌륭하고 견실한 15명의 스태프와 함께 자가배전 커피와 수제 디저트류를 다루는 어엿한 카페로 자리잡았지요. 그리고 바흐라는 둥지에서 함께 일하던 뜻을 같이하는 동료들이 전국 각지에 90곳 이상 퍼져, 자신들의 카페를 가슴 벅찰 만큼 멋지게 경영하고 있습니다.

오랜 세월 동안 카페 바흐를 운영하며 얻은 진리는 단순합니다. 그건 돈이나 명성이 아니라 '사람과 사람 사이의 풍요로운 관계'를 중시해야 한다는 사실입니다. 우리 부부는 산야에 카페 바흐의 전신, 시모후사야를 연 때부터 지역 주민인 일용 노동자분들과 각별한 관계를 유지해왔습니다. 이른 새벽부터 일자리를 찾기 위해 카페 앞으로 모여드는 그분들에게 카페 바흐는 노동중계소 역할을 했습니다. 그리고 손님들은 우리의 새로운 메뉴를 직접 시음해주시거나, 이재민을 위한 모금활동에도 적극 참여하면서 카페 바흐의 성장을 응원해주셨습니다. 산야라는 지역 공동체 안에서 우리는 서로에게 꼭 필요한 존재로 엮인 것입니다.

저는 카페의 역할이 단순히 커피를 파는 곳에 그치지 않고, 그 이상의 존재가치를 지닌다고 굳게 믿습니다. 우리 바흐가 그렇게 되기를 바라고 노력했기 때문에 두 사람이 꾸리던 작은 가게가 사람들의 생활에 녹아들어 동네의 사랑방으로 자리잡았다고 생각합니다.

이 책을 쓰게 된 계기는 카페를 시작하려는 사람과 이미 카페를 경영하고 있지만 비전을 잃어버린 동료들에게 눈앞의 이익이 아니라 미래를 내다볼 수 있는 힘을 길러주기 위해서입니다. 기본에 충실할 때 경제적 이익은 따라옵니다. 그러나 안타깝게도 요즘은 많은 분들이 이 점을 잊고 있는 듯합니다. 그래서 제가 카페를 운영하며 체득한 경험을 바탕으로 가장 아름다우면서도 효과적인 카페 경영 방법을 이야기하려 합니다.

당신의 카페에서 많은 사람들과 각별한 관계를 만드십시오. 카페를 중심으로 커다란 인연의 원을 그려나가십시오. 그렇게 하면 당신의 카페는 세찬 비바람에도 흔들리지 않는 튼튼한 나무로 자라 오래도록 깊은 뿌리를 내릴 것입니다. 카페는 바로 당신 자신의 풍요로운 인생 그 자체입니다.

타구치 마모루

準備中

제1장 나는 이렇게 해왔다

제3장 카페 바흐와 함께 나아가는 동료들

카페 브레너 | 아구리 | 카페 한즈 | 카페 블레스 미 | 카페 웨그
카페 비나 로제 | 카페 반호프 | 콰드리폴리오

부록 소자본으로 자가배전 카페 시작하기 Q&A | 실전 사업계획서 작성법

|일러두기|

1. 일본어 표기는 되도록 한글 맞춤법 표기 원칙에 따랐으나, 일본어의 느낌을 살리기 위해 필요할 경우 소리나는 대로 표기했다.
2. 원서에 제시한 엔화는 100엔당 한화 1,460원에 맞춰 환산한 것이다.
3. 국내 사정에 좀더 부합하도록 경우에 따라 원서의 일본 지명을 한국 지명으로 대체했다.

제1장

나는 이렇게 해왔다

카페 바흐를 이어오는 40여 년 세월 동안 제가
터득한 '개인 경영'의 본질과 '카페'의 존재가치
에 대해 들려주려 합니다.

일용직 노동자의
거리에 카페를 세우다

도쿄 다이토쿠 니혼즈츠미 1-23-9번지. 카페 바흐가 자리잡은 곳입니다. 지하철 히비야선 미나미센주역에서 아사쿠사 방면으로 나와 요시노 거리를 걷다보면, 동서로 뻗은 메이지길을 만납니다. 이 길을 지나 맘모스코방까지 거치면 '도야'라는 간이숙박시설이 늘어선 길가를 마주하게 되는데요. 카페 바흐는 이곳에 있습니다. 오래전부터 이 근방을 '산야'라고 부르는데요. 주로 일용직 노무자들이 거주하는 곳으로서 1960년대 즈음에 일어난 '산야 소동'의 무대이기도 했습니다. 이처럼 '일본에서 제일 불리한' 입지조건에 카페를 개업해 어떻게 안정적으로 운영해올 수 있었는지 그동안 저는 수많은 질문을 받았습니다.

우리 부부는 산야에 처음 카페를 연 후 약 40여 년 동안 한 자리에서 쉬지 않고 일해왔습니다. 물론 다른 장소에 가게를 내지 않겠느냐

HOTEL HIKARI
泪　橋
Namidabashi
食堂たつみや
3.000

는 제안도 많이 받았습니다. 그러나 우리는 이곳을 한 번도 벗어나지 않았습니다. 만약 긴자에 가게를 냈더라면 카페 바흐는 더 유명하고 화려한 곳이 되었을지 모릅니다. 그러나 만약 그랬다면 커피를 지금 가격으로 손님들께 선물할 수 있었을까요. 또는 바흐에서 배우고 성장해나가는 많은 스태프들과 함께 일할 수 있었을까요. 저는 이곳을 떠나지 않은 것이 참 옳은 선택이었다고 생각합니다. 산야 주변 지역에는 대형 프랜차이즈 음식점이 없습니다. 편의점도 몇 개밖에 없지요. 체계적 시스템을 중시하는 비즈니스의 시각에서 산야는 점포 운영 적합지역이 아닐 것입니다. 그러나 우리 같은 개인 운영 점포의 성패는 시스템이 아니라 사람 간의 관계를 어떻게 풍성하게 가꾸고 키워나가느냐에 달려 있습니다.

물론 대형 체인점의 발달된 시스템은 많은 편리와 이점을 제공하겠지요. 그러나 손님이 기억하는 놀라움과 감동은 절대로 시스템화할 수 없습니다. 따라서 손님에게 감성적으로 다가가기 위해서는 상대의 기쁨뿐만 아니라 아픔까지도 내 것으로 삼을 수 있는 인재를 육성해야 합니다. 이렇듯 중요한 면모를 키우는 데 있어, 우리에게 산야는 '일본에서 제일 유리한' 장소입니다. 세월이 흐르면서 마을풍경은 많이 변했지만, 카페 바흐의 뿌리는 언제나 노동자분들이 지켜온 산야에 자리한다고 저는 생각합니다.

카페 바흐는
평범한 동네 커피숍이었다

1968년, 한 커피숍이 탄생했습니다. SHIMOFUSAYA(시모후사야). 바로 카페 바흐의 전신이지요. 제 아내 후미코가 친정집에서 운영하던 대중식당을 이어받아 커피숍으로 바꾼 것입니다. 사실 후미코는 젊은 시절 배우를 꿈꿨습니다. 관련 학교에서 연기를 전공하기도 했지요. 줄곧 무대를 소망했지만 마땅한 기회를 잡지 못했던 그녀는 결국 부친이 경영하던 식당을 이어받기로 결심했습니다. 가게를 물려받을 때, 젊은이들이 많이 찾을 수 있도록 실내장식을 리모델링했습니다. 그리고 술 종류는 빼고, 음료와 음식 메뉴로만 영업하기로 했지요. 어디에서나 찾아볼 수 있는 지극히 평범한 동네 커피숍 하나가 새롭게 문을 연 것입니다.

일본 커피시장의
성장기에 개업하다

시모후사야가 개업한 1968년은 도쿄올림픽이 열린 지 4년이 지난 후이자 일본의 고도성장기였습니다. 당시 일본의 GNP(국민총생산)가 서독을 추월해 미국에 이어 세계 제2위에 오른 해였지요. 세계대전에서 패전한 국가라는 인식은 어느덧 사라지고 산업 전반에서 가파른 성장세가 이뤄졌습니다. 도시의 모습도 변화하여 높은 건물들이 속속 세워졌고, 그 건물들이 더 높이 하늘을 향할수록 사람들의 표정도 무한한 자부심으로 가득 차올랐습니다. 온 나라가 무엇이든 할 수 있다는 열기에 들떠 있었죠.

바로 그해에 최초의 즉석식품(본카레)이 출시됐고, 이듬해인 1969년에는 무역과 외자 자유화를 시작했습니다. 그래서 자연스레 브라질, 콜롬비아를 비롯한 중남미와 아프리카 등 세계 각국에서 자유롭게 커피 생두를 수입해왔습니다. 일본의 커피시장이 질과 양 모든 측면에서 성장기에 돌입한 때였죠. 그러면서 이 분위기를 타고 다방을 대신해 커피전문점이 들어서기 시작했습니다.

제가 후미코와 결혼한 것은 시모후사야를 개업한 지 3년째 되던 해였습니다. 우리는 아침 일찍부터 가게를 열었는데요. 당시 가게 규모는 12~13평이 될까말까 했고, 손님이 앉을 수 있는 자리도 16석 정도로 매우 작은 곳이었습니다. 나쁘게 보자면 누추하지만, 긍정적으로 보면 소박한 느낌을 자아내는 곳이었습니다.

그래서일까요. 우리 부부가 운영하는 가게는 언제나 단골손님으로 붐볐습니다. 자리를 못 잡은 손님은 가게 밖에 세워둔 자전거의 짐 싣는 자리를 테이블 삼아 커피를 마시기도 했습니다. 그런 손님들이 서너명씩 따로 모여 그들만의 스탠드 테이블을 만들어가는 모습은 우리 카페에서만 볼 수 있는 진풍경이었습니다. 후미코는 가끔씩 그때를 회상하며 우리가 바로 '오픈 카페의 시초'였다고 흐뭇하게 미소짓곤 합니다.

매일 새벽 5시 반에 개점하다

시모후사야가 위치한 곳은 일용직 노동자들이 북적거리던 산야였습니다. 당시 일본이 고도성장기였음을 입증하듯 산야의 아침은 빨리 왔습니다. 이른 새벽부터 노동자들이 건설 현장으로 향했거든요. 그래서 우리도 그들에게 한 잔의 커피를 제공하기 위해 5시 반부터 가게를 열어야 했습니다. 물론 새벽에 일어나 가게를 연다는 게 쉬운 일은 아니었습니다. 하지만 5시부터 밖에서 서성이며 가게가 열리기만을 기다리는 사람들을 보면서 좀더 힘을 내자고 다짐했습니다. 그분들 앞에서 고되다고 몸을 사리는 것은 어린아이의 투정 같았기 때문입니다.

당시 일본에서는 미국 문화가 조금씩 스며들더니 어느 사이 순식간에 퍼져나갔습니다. 식사스타일도 마찬가지였지요. 예를 들면 전통적으로 일본의 아침 정식은 밥과 된장국, 몇 가지 반찬이 주였는데 커피에 토스트를 곁들인 식사가 유행하기 시작했습니다. 여러 대중매체 속에서 나타난 미국의 전형적인 아침식사가 시리얼과 오렌지주스, 에그 스크램블과 커피 등이었기 때문입니다. 특히 젊은이들은 간단하면서도 우아해보이는 미국인의 식사스타일을 따라하고 싶은 마음이 커졌겠지요. 돌이켜보면 1971년에는 의류 브랜드 리바이스가 일본에 진출하면서 티셔츠와 청바지가 폭발적으로 인기를 끌던 해였습니다. 자신도 모른 채 미국스타일을 조금씩 따라하면서, 시모후사야에도 아침에 토스트를 찾는 사람들이 늘기 시작했습니다. 카페를 찾는 아침 손님이 비약적으로 증가한 데에는 이러한 시대 흐름이 중요한 역할을 했다고 추측합니다.

덧붙이면 당시 우리 가게의 커피 한 잔 가격은 약 1,000원, 토스트는 900원이었습니다. 현재 카페 바흐에서는 페이퍼드립으로 커피를 추출하지만, 그때는 융드립 방식을 사용했어요. 융드립에서 페이퍼드립으로 바꾼 데는 중요한 이유가 있었습니다만 카페 바흐가 자리매김하는 데 큰 역할을 했기에 다음에 상세히 설명하도록 하지요.

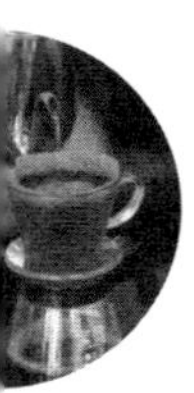

불티나게 팔려나간
유리병 아이스커피

시모후사야 시절, 여름철 끊임없이 주문을 받고 팔았던 것이 아이스커피였습니다. 아이스커피는 다른 종류의 커피에 비해 정말로 손이 많이 가기 때문에 한꺼번에 손님이 몰려오면 주문을 다 소화할 수 없을 정도였습니다. 그래서 미리 다량의 아이스커피용 커피를 추출한 뒤 유리병에 담아 냉장고에 차갑게 보관하는 방법을 고안해냈습니다. 그렇게 한 이후부터는 주문과 동시에 재빨리 음료를 낼 수 있게 되었지요.

여기서 한 가지 명심해두어야 할 것은 아이스커피가 단순히 똑같은 양의 커피에 얼음만 띄우는 게 아니라는 점입니다. 얼음이 녹은 후에도 맛있도록 커피를 추출해야 하지요. 눈 가리고 아웅 식으로 얼음으로 양을 늘리려고 하면 손님의 신뢰를 잃게 마련입니다.

그 시절 우리 가게를 즐겨찾던 노무자들은 특히 유리병에 담긴 아이스커피를 매우 좋아했습니다. 그분들의 얼굴이 아직도 눈에 선합니다. 주문한 커피를 받아들고는 우선 차가운 유리병을 목과 이마에 갖다 대 달아오른 몸을 식힌 후, 단숨에 들이켜곤 했지요. 아이스커피를 다 마신 뒤 머리가 띵하다며 해맑게 웃는 모습이 어찌나 시원해 보이는지, 드리는 우리도 다 뿌듯할 정도였습니다. 어떤 손님은 몸이 녹아내릴 것 같은 햇볕 아래서 온종일 일하다가도 얼음이 동동 띄워진 아이스커피를 쭉 들이켜는 상상을 하며 힘을 낸다고 말씀하셨지요.

　온몸이 흠뻑 젖을 만큼 많은 양의 땀을 흘린 분들이 아이스커피를 열광적으로 지지해준 까닭은 여러 가지였을 겁니다. 그중에서도 특히 보는 것만으로도 시원할 만큼 벌컥벌컥 마실 수 있는 충분한 양을 한눈에 확인할 수 있던 유리병의 시각적 효과도 큰 몫을 담당했다고 저는 생각합니다.

화장품 매장 판매원에게 배우다

"사람과 사람 간의 풍요로운 관계." 이것이 카페 바흐의 기본 모토입니다만, 실은 시모후사야 시절부터 이미 우리 부부는 이 사실을 깨닫고 실천에 옮기기 시작했습니다. 어떤 일을 하든 사람과의 관계가 제일 소중하다는 사실을 제가 어떻게 알게 되었을까요. 경영서적을 탐독하거나 위대한 스승에게 배우지는 않았습니다. 단지 제가 가게를 직접 운영하며 체득한 진실이자, 백화점 화장품 매장의 판매원으로부터 얻은 것이지요.

앞서 말했다시피, 개업 당시 시모후사야는 이른 아침에 눈코뜰새 없이 바빴습니다. 그러나 이 시간만 지나면 손님의 발길이 뜸해지면서 한가해졌죠. 이 때문에 영업시간을 아침 5시 반부터 오후 1시, 이후 브레이크타임을 가진 뒤 다시 오후 5시부터 저녁 11시까지로 정했습니다. 브레이크타임을 이용해 우리 부부는 커피 공부도 열심히 했지만, 또 한 가지 매진한 일이 있었습니다. 점심시간부터 주어지는 휴식시간을 이용하여 백화점을 둘러본 것이죠. 가게의 위치가 미나미센주였기 때문에 접근성이 좋은 긴자의 백화점을 주로 다녔습니다. 다들 아시다시피 긴자라는 곳은 유명 백화점들이 밀집해 있는 상업요충지이지요. 덕분에 다양한 매장들을 디딤돌처럼 옮겨다니며 구경하던 기억이 아직도 생생합니다.

그때 제가 반드시 둘러보던 곳이 바로 화장품 매장이었습니다. 저는 그곳에서 최고의 판매사원들이 고객을 응대하는 모습을 흥미롭게 관찰했습니다. 배울 것이 한두 가지가 아니었습니다. 특히 손님에게 말을 건네는 타이밍이며, 마음을 사로잡는 권유법 등은 굉장한 공부가 되었죠. 백화점 순회를 통해 제가 배운 것들은 고객 응대법과 사람 간의 관계를 맺는 일의 소중함이었습니다. 그때부터 저는 지역 주민들과 어떻게 관계를 맺어야 할지, 그들로부터 사랑받는 가게를 만들기 위해 무엇을 어떻게 바꾸어야 할지 본격적으로 고민하기 시작했습니다.

입지 환경 변화로
자금 압박상황에 처하다

본격적으로 커피를 자가배전(自家焙煎. 직접 생두를 볶아 커피를 만드는 일)하기 시작한 것은 가게 이름을 시모후사야에서 카페 바흐로 변경한 1975년 즈음입니다. 경제적으로 여유가 있어서 한 일은 아닙니다. 오히려 자금 압박에 시달리던 시기였죠. 막 시모후사야를 연 시기에는 모든 것이 순조롭게 흘러가는 듯했습니다. 앞서 말씀 드렸다시피 당시 가게 앞은 노동자들을 실어나르는 차들의 주차 공간 역할도 겸했습니다. 덕분에 아침저녁으로 차에 오르내리는 많은 노동자들이 가게를 이용했지요. 그런데 정권이 바뀌면서 보행자 전용도로가 생겨났고, 가게 바로 앞에 주차를 할 수 없는 법령이 만들어졌습니다. 이로 인해 매상은 3분의 1로 감소했지요. 심지어 5분의 1까지 곤두박질친 적도 있었습니다. '이렇게 가다가는 가게 문을 닫을 수밖에 없겠다.'라는 절체절명의 위기에 놓인 것입니다.

하늘이 무너져도
솟아날 구멍이 있다

　　돌이켜 생각해보면, 저뿐만 아니라 카페 바흐에도 좋은 시련이었다고 생각합니다. 그때까지 바쁘다는 핑계로 미뤄왔던 카페 바흐의 장래를 신중하게 모색할 기회였기 때문입니다. 우리가 어떤 상황에 놓였는지, 앞으로 어떤 카페를 만들어나가야 하는지, 어떻게 처신해야 할지 등은 그와 같은 궁지에 몰리지 않고서는 결코 그려볼 수 없었겠죠.

　　그 무렵 국제커피기구로부터 일본의 커피소비량을 늘려달라는 요구가 있었다는 소식이 들려왔습니다. '앞으로 원두커피 수요가 점점 증가하겠구나. 장래 유망 분야가 되겠구나.'라는 생각이 퍼뜩 스쳤습니다. 그래서 카페 바흐를 본격적인 커피전문점으로 만들어야겠다고 결심했습니다.

저가판매를 피하기 위한
자가배전

당시 대부분의 다방은 배전된 원두를 원두 판매도매상으로부터 구입해 사용하고 있었습니다. 자가배전하는 곳은 손가락으로 꼽을 정도였죠. 이러한 상황에서 제가 자가배전으로 방향을 잡은 데에는 다음과 같은 까닭이 있었습니다.

'손님이 줄어들어 감소한 매상은 커피원두를 판매해서 대체하자. 하지만 우리가 파는 원두의 품질이 대형마트에서 구할 수 있는 원두 같다면 손님이 절대로 사지 않을 것이다.'

이 무렵 대형 원두 판매상은 마트 등에 커피원두를 도매가로 매우 저렴하게 제공하고 있었습니다.

'그렇다면 무엇을 차별화해야 할까? 우리 가게만의 개성 있는 맛을 보여주는 자가배전! 자가배전이라면 부가가치가 발생하니 불필요하게 저가판매를 하지 않아도 될 것이다!'

커피원두의 품질 차이를 손님에게 이해시키고 이에 부합하는 정당한 가격으로 판매하면 승산이 있다는 결론에 이른 것입니다. 그래서 우리 부부는 본격적으로 작업에 착수했습니다. 커피 기본지식을 쌓고 자가배전에 관한 강좌에도 적극적으로 참가했죠. 그 당시 자가배전에 관해서 친절하게 몸소 지도해주신 분이 존경하는 일본 제일의 배전사 미야타 노리오 씨였습니다. 이때 배운 배전에 관한 지식과 기술은 고스란히 카페 바흐의 성장동력으로 작용했습니다.

The BENTO-BOX to go !

café Ba

손님을 보증인으로
세우는 힘, 신뢰

그리하여 1975년, 점포명을 카페 바흐로 변경하고 내부를 리모델링해 새롭게 출발했습니다. 카페 바흐의 대전환기였죠. 그러나 계획대로 수월하기만 한 것은 아니었습니다. 점포 개장에 들어가기 일년 전부터 차근차근 준비했지만, 안팎으로 여러 가지 안 좋은 상황이 닥쳐왔습니다. 아내의 아버지와 제 아버지가 연이어 돌아가셨지요. 부모님이 더 이상 같은 하늘 아래 안 계신다는 사실에 대한 정신적 충격도 컸지만, 무엇보다 마음놓고 기댈 수 있는 사람이 사라졌다는 게 가슴 아팠습니다.

저는 홋카이도 출신으로 혈혈단신 상경해왔기 때문에 도쿄에는 아무런 연고가 없었습니다. 금융기관에서 자금을 빌리려고 했지만 보증을 서줄 만한 사람이 없었죠. '돈이 없으면 공사를 진행할 수가 없는데…….' 이런 상황을 보다 못해 손을 내밀어준 이가 있었습니다. 공통의 취미인 음악을 통해 가까이 지내던 단골손님, 아오키 노부오 씨였습니다.

길 건너편에서 자전거 점포를 운영하던 아오키 씨는 우리의 어려움을 눈치채고는 선뜻 보증인이 되어주겠다고 하셨습니다. 순간적으로 '살았다!'라고 생각했지만, 친형제라도 주저할 일을, 아무리 친하다고 해도 손님에게 부탁하는 것이 바람직한가 하는 고민에 빠졌습니다. 그런 제게 아오키 씨가 이렇게 덧붙였습니다.

"매일 이른 아침부터 부부가 열심히 일하는 모습을 오래전부터 봐왔습니다. 두 사람을 신뢰하고 말고요. 항상 응원할 테니 앞으로도 열심히 하시길 바랍니다."

아오키 씨는 우리 부부가 새벽같이 가게 앞 도로를 청소하며 하루를 시작하는 모습을 자주 보신 것이었습니다. 말로 다할 수 없을 만큼 감사했습니다. 동시에 사소한 행동 하나하나가 꾸준히 쌓이면 신용으로 발전한다는 사실을 통감했습니다. 아오키 씨는 지금도 변함없는 카페 바흐의 소중한 손님이십니다.

ドンバチ
タンザニア
コロンビア
SP
グアテマラ
SP
マンデリン
モカ マタリ
B 2
コロンビア
グアテマラ
SHB
ニューギニア
マラウイ

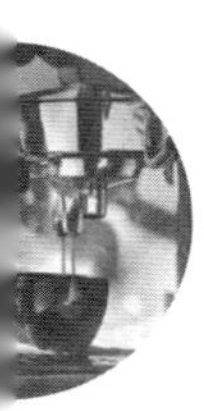

개장공사의 목적을
손님 한 사람 한 사람에게 설명하다

개장공사의 목표는 지역 주민이 마음놓고 시간을 보낼 수 있는 오아시스 같은 공간 만들기였습니다. 의자와 테이블은 목공예가에게 의뢰해 수제품으로 맞추었습니다. 의자는 몸집이 큰 노동자 손님이라도 여유 있게 앉을 수 있도록 폭을 60센티미터로 크게 제작했고, 테이블에 포함된 의자는 품위 있게 앉을 수 있도록 팔걸이를 두고, 등받이는 격조 높은 가죽을 선택하였습니다.

"이쯤이면 손님들도 분명히 좋아할 것이다!"라는 자신이 있었습니다. 그러나 현실은 정반대였습니다. 온갖 정성을 기울여 리뉴얼 오픈을 했지만, 손님들의 발길은 예전만 못했습니다. 그런 상태가 반년 정도 지속되자 아내와 저는 머리를 맞대고 깊은 고민에 빠졌습니다. 그런데 한참 뒤에야 듣게 된 손님들의 말은 다음과 같았습니다.

"가게를 멋지게 보수하고 문턱을 높인 데에는 더 이상 우리 같은 사람들을 손님으로 받지 않으려는 의도가 있을 거야.”

“점잖은 듯 그럴듯하게 보이지만 막상 들어가자니 어색해.”

당연히 그런 의도가 아니었습니다. 어디까지나 손님이 여유로운 공간에서 한가하게 시간을 보내도록 하자는 취지였지요. 한데 오래전부터 우리 가게에 오셨던 단골들에게 우리의 뜻이 왜곡되어 전해지고 있었습니다.

‘어떻게 해야 그분들의 오해를 풀어드리고, 우리 가게의 진심을 알릴 수 있을까.’ 이때 가장 애를 쓴 사람이 아내 후미코였습니다. 가게 앞을 그냥 지나쳐가는 손님 한 사람 한 사람을 붙잡고 설명하기 시작했죠.

“손님들이 좀더 편하게 쉬었다 갈 수 있도록 카페를 새롭게 개장했습니다. 시원하고 안락하게 머무르실 수 있도록요. 그러니까 꼭 한번 들러주세요.”

번거롭고 힘에 부치는 일이었지만 후미코는 우리의 진심이 손님들에게 가닿을 수 있도록 최선을 다했습니다. 아내의 설명을 듣고 곧장 카페로 들어온 분은 거의 없었습니다. 하지만 단골들은 며칠이 지난 뒤 한 사람 두 사람씩 다시 가게를 찾아주기 시작했습니다.

한가할 때 진정한
고객 서비스가 가능하다

우리는 가게 앞에서의 소박한 영업과 함께, 가게 안으로 발걸음을 돌려준 손님 한 사람 한 사람에게 이전보다 더 세심하게 배려하고자 신경을 썼습니다. 손님이 줄어든 만큼, 1대1로 정성을 다할 수 있었죠.

커피에 대해서도 천천히 설명해드렸습니다. 우리 커피만의 매력을 충분히 느끼고 음미하게 할 수 있는 좋은 기회였던 셈이죠.

"오늘의 커피는 쿠바산으로, 호우지차(찻잎을 센 불에 덖어 말린 차) 같은 구수한 향과 부드러운 맛이 특징입니다."

"오늘 추천해드리는 커피는 과테말라산인데 쌉싸름한 초콜릿 같은 풍미가 일품이죠."

전문적인 수준은 아니더라도, 자신이 마시게 될 커피의 이모저모를 들으면서 손님들은 서서히 커피의 새로운 세계에 호기심을 보이기 시작했습니다. 그리고 그 손님들 중 일부가 다음에 다시 들러 "지난번 마셨던 쿠바산 커피 맛있었어요. 오늘도 같은 걸로 주세요."라며 단골이 되어갔죠. 몇몇 손님은 커피를 마시러 온다기보다 공부하러 꼬박꼬박 찾는다고 하셨습니다. 마치 새로운 취미를 발견한 것 같다고요. 그렇게 새로 오픈한 가게 앞을 흘낏 쳐다만 보고 지나치던 옛 손님들이 서서히 돌아오기 시작했습니다. 어렵사리 다시 들른 손님은 예전처럼 자주 찾아와주셨고, 덕분에 카페 바흐의 팬층이 점점 두터워졌습니다.

육체노동자 손님에 의해
갈고닦인 커피 맛

카페 바흐가 40여 년이라는 긴 시간 동안 이어져온 것은 저와 제 아내 둘만의 힘이 아닙니다. 카페 바흐를 더 좋은 모습으로 다듬어준 일등공신은 지역 노동자분들이었습니다.

예를 들면 새로운 커피를 개발하고 그것을 메뉴에 포함시킬지 말지 고민할 때마다 저는 그분들에게 도움을 요청했습니다. 시음을 해보고 솔직하게 맛을 평가해달라고 부탁했죠. 그분들은 커피의 브랜드나 유행 따위에 휘둘리지 않은 채, 오로지 품질만을 따지며 시음하신 뒤 기탄없이 의견을 말씀하셨습니다.

"이 커피는 뭐랄까 묵직하고 깊이는 있지만 카페 바흐가 아니더라도 어디서나 맛볼 수 있는 커피 같은데요. 굳이 메뉴에 넣을 필요는 없을 것 같아요."

"혀에서 감도는 맛이 아주 조화롭고 뒷맛이 순하고 부드럽네요. 전

몹시 마음에 듭니다."

오랫동안 커피를 즐겨온 그분들은 본능적으로 커피의 신선도와 풍미를 가리는 눈과 미각을 지니고 계셨던 겁니다.

그러던 어느 날 한 손님께서 이런 말을 건네신 적이 있습니다.

"타구치 씨, 전 가끔 만개한 벚꽃이 우수수 흩날릴 때의 느낌을 담은 커피를 마시고 싶다는 생각을 할 때가 있습니다."

새로운 메뉴를 개발하지 않은 때인데 이 말을 듣자마자 정신이 번쩍 들었던 기억이 납니다. 손님은 원두의 산지와 품질을 기준으로 커피 맛을 생각하던 우리와 다른 방식으로 이상적인 커피를 그린 것입니다.

우리는 지속적으로 이 손님들과 교류하면서 지역 주민이 즐길 만한 커피 맛을 찾아냈고, 제공하기 위해 온갖 노력을 기울였습니다. 지금 카페 바흐의 커피 맛은 오랜 세월 우리의 단골손님에 의해 갈고닦인 것이자, 앞으로도 미래의 손님들에 의해 완성될 것입니다.

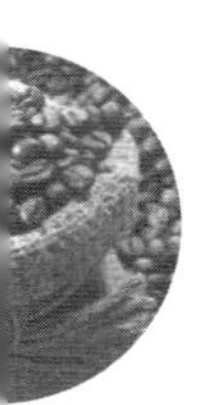

손님이 내리는 커피가
가장 맛있다

어느 날, 30년 이상 카페 바흐를 찾아주시는 단골손님이 제게 이런 말을 던졌습니다.

"마스터, 이 바흐 블렌드 말이죠. 내가 집에서 내리는 게 더 맛있는 것 같은데……."

손님은 제 기분이 상하지 않을까 조심스럽게 말씀을 꺼냈지만, 이 말을 듣고 전 속으로 쾌재를 불렀습니다. 입가로 새어나오는 웃음을 속일 수는 없었는지 손님이 이상하다는 듯이 왜 그러느냐고 물었습니다. 그래서 전 이렇게 설명드렸죠.

"그동안 꼭 저희 가게를 방문하지 않더라도, 일반 가정에서 커피를 직접 내려 마실 수 있도록 노력해왔습니다. 오늘에서야 비로소 결실을 맺는다는 걸 실감했기 때문입니다."

카페 바흐에서는 커피 양과 추출시간, 추출온도 등 기준을 설정하고, 알맞은 레벨의 커피를 제공하고 있습니다. 하지만 가정에서 내리는 커피는 그 어떤 제약도 없지요. 그래서 30년 이상 된 카페 바흐의 단골손님들은 가게에서 내리는 방법을 기본으로 해서 취향에 따라 맛을 조절하곤 합니다. 그 손님에게는 자신이 내린 커피가 최고의 커피일 것입니다.

이처럼 '나만의 커피'를 내리는 손님은 자신의 인생을 좀더 풍성하게 가꾸어나갈 수 있습니다. 커피가 품고 있는 다양한 풍미와 향을 스스로 만들어낸 사람은 그만큼 삶도 다채롭게 빚어나갈 힘을 얻을 테니까요.

너무 큰 비약이라고요? 삶의 다채로움은 이렇듯 사소한 풍경들이 쌓여 빚어내는 색깔과 향기가 아닐지요. 어쩌면 이것이 커피가 가진 진짜 매력일지 모릅니다. 그리고 커피를 통해 손님들이 삶의 무궁한 가능성을 실험해볼 수 있도록 돕는 것이야말로 카페 바흐의 역할이라고 저는 생각합니다.

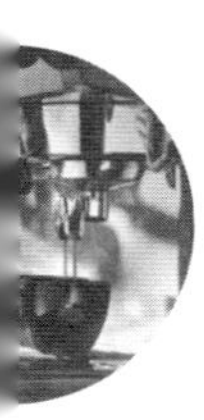

커피와 디저트를
가게의 기둥으로

카페 바흐는 자가배전 커피숍이라는 이미지가 강하지만 또 하나의 중요한 기둥이 바로 디저트입니다. 1990년, 지금의 5층짜리 건물을 새로 지을 때 2층 공간을 제과제빵용 키친으로 만들고 필요한 조리기구들을 구비했습니다. 제과제빵 제품들을 메뉴에 넣은 지 20년이 넘었지요.

카페 바흐가 디저트류를 도입한 계기는 1980년, 아내 후미코와 유럽여행을 떠났을 때로 거슬러 올라갑니다. 우리는 각국의 커피 문화를 알고자 프랑스, 이탈리아, 체코슬로바키아, 오스트리아, 동서독 등을 돌아다녔습니다. 일종의 '시찰여행'에서 우리는 여러 차례 놀라운 경험을 많이 했는데요. 특히 오스트리아 빈의 카페에 들어선 순간은 문화적 충격이었습니다.

가게에 들어서니 한 노신사가 커피를 마시면서 케이크를 맛있게 드시고 계셨습니다. 오스트리아 빈에서는 카페 콘디토라이(café konditorei)가 유명한데요. 이곳은 일종의 제과점으로 직접 구워 만든 케이크와 쿠키, 사탕, 파이 등을 판매합니다. 지역 주민들이 이곳에서 달콤한 디저트류에 커피를 곁들여, 한가로운 시간을 보내는 풍경이 여행 중이던 우리 부부의 눈에는 그렇게 멋져 보였습니다. 그곳이 동네 사람들에게 얼마나 사랑을 받고 있는지 단번에 알겠더군요.

당시 일본에서는 감미킷사(甘味喫茶)라고 하여 홍차와 약간의 쿠키를 내는 것이 일반적이었기에 커피와 케이크 등을 함께 먹는 유럽의 문화를 접하며 더 흥분을 했던 것 같습니다. 그 여행을 통해 우리 부부는 유럽의 역사까지 공부하면서 카페라는 공간이 담당해야 할 역할을 다시 생각해보았습니다. 그리고 고민 끝에 카페 바흐에도 디저트를 도입하기로 결정했습니다.

유럽 카페를 보며
카페의 역할을 탐색하다

"카페 바흐를 통해 지역 주민, 나아가 이 사회에 어떤 도움을 줄 수 있을까." 카페 바흐는 40여 년 동안 이 질문의 해답을 찾는 길을 걸어왔는지도 모릅니다.

오랜 전통을 자랑하는 유럽의 카페들은 일상생활의 중요한 축이자 사람들에게 없어선 안 될 존재였습니다. 사실 옛날 파리의 카페는 시민생활의 일부를 책임지면서 정보를 교환하고 열띤 토론을 펼치던 곳이라고 합니다. 카페는 단순히 커피를 파는 곳이 아니라 하나의 여론이나 사조를 형성하는 정치의 장이었던 셈입니다. 또한 유럽에 가면 거의 100퍼센트라고 해도 좋을 만큼 미술관 바로 옆에 카페가 자리하고 있습니다. 그만큼 카페가 문화 살롱으로서의 역할을 톡톡히 해내고 있었지요. 그래서 우리도 카페 바흐를 그런 곳으로 변모시키기로 마음먹었습니다.

주민음악회

　　카페 바흐에는 오랫동안 진행해온 이벤트가 있습니다. 매해 한두 차례 개최하는 '주민음악회'입니다. 요즘은 종종 프로 음악가를 모실 때도 있지만, 원래는 '지역 주민과 함께 즐기는 음악회'가 취지였습니다. 음악을 좋아하는 사람들이 모여서 흔치 않은 음반을 함께 듣고 이야기하는 레코드 콘서트였지요. 저와 아내는 음악을 진심으로 사랑합니다. 그래서 음악회를 개최하는 동안 저는 플루트를, 아내는 하프를 배우기로 했습니다. 아내는 친구 아오키 씨로부터 하프 선생님을 소개받았고 그 선생님은 어느 사이 카페 바흐의 팬이 되었습니다. 그렇게 음악을 통해 친구, 동료, 그리고 손님이 만나 그려내는 원이 점점 커졌습니다. 음악회를 통해 알게 된 사람들이 부부의 연으로 맺어지기도 했죠. 이곳에서 음악을 매개로 사람들이 만나 그려나가게 될 동심원이 얼마나 더 커질지 저는 매우 궁금합니다.

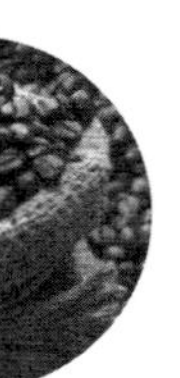

판화 워크숍

　　주민음악회는 지역구인 산야에 다양한 음악을 즐길 수 있는 분위기를 조성합니다. 이를 통해 좋은 마을 만들기에 조금이나마 도움이 된다면 제 역할을 다한 것이죠. 그리고 이 무대를 제공하는 것이 카페의 역할이자, 카페 바흐의 존재가치 역시 여기 있는 것이 아닐까 합니다.

　　이러한 취지 아래 워크숍도 개최하기 시작했습니다. 지난 2002년과 2007년에 판화가로 유명한 우에노 슈 씨의 개인전을 가게에서 열었지요. 우에노 슈 씨는 1967년에 개최된 동베를린 케테 콜비츠 탄생 100주년 기념 국제판화전에서 우수상을 수상한 우에노 마코토 씨의 아들입니다. 아내 후미코가 케테 콜비츠 판화의 광팬이라 둘은 오래전부터 자연스레 친분을 유지해왔는데요. 그 덕분에 우에노 씨가 카페의 워크숍에도 적극 도움을 주셨습니다.

판화는 판에 새기는 작업과 찍어내는 작업, 둘로 나뉩니다. 우에노 씨는 새기는 작업은 '예술가,' 찍어내는 작업은 '장인'이어야 한다고 늘 말해왔습니다. 그리하여 카페 바흐에서 커피를 내리는 스태프의 모습과 본인이 장인으로서 일하는 모습을 함께 보여주는 워크숍을 제안해주었지요. 커피를 내리는 손길에서 장인의 숨결이 느껴진다면서……. 우리가 만들어내는 작품은 다르지만 저 역시 한 잔의 훌륭한 커피에도 온 정성과 예술적인 혼을 불어넣어야 한다고 믿고 있었습니다. 우리의 뜻이 한 곳을 향해 있었기 때문에 판화 워크숍을 개최했습니다. 카페를 찾는 손님들은 벽에 걸린 작품들을 보면서 미술관에 온 것인지, 카페에 온 것인지 생경하다고 말씀하시면서도 좋은 경험이라며 매우 흡족해했습니다.

한 공간에서 이질적인 것들이 만나, 새로운 분위기를 자아냈습니다. 묘하게도 잘 어울렸지요. 성공적으로 워크숍을 마친 뒤, 그 보답으로 우리 스태프가 우에노 씨에게 커피 추출법을 알려주었습니다. 서로 다른 분야에서 일하는 장인들이 카페라는 공간에서 만나 서로 존중하며 소통하는 모습은 정말 행복하고 흐뭇한 풍경이었습니다.

항상 관계 맺으려는 자세를 취하라

우리 가게는 시모후사야가 카페 바흐가 되고, 융드립에서 페이퍼드립으로 바뀌고, 커피만을 팔던 곳에서 수제 과자까지 다루는 곳으로 변모하는 등 격동의 시기를 겪어왔습니다. 그러나 이 시간 동안에도 변함없이 꾸준히 들러주시는 손님들이 많습니다. 지역 주민은 물론 어디에선가 한 번쯤 이름을 듣고 먼 곳에서도 오시지요. '이렇게 손님의 폭을 넓혀갈 수 있었던 원동력은 무엇일까. 그 구심점은 어디에 있을까?' 이 물음에 대해 저는 창업 이후 변하지 않은 고객 응대에 답이 있다고 생각합니다.

"늘 손님에게 관심을 갖고 대한다." 제가 40여 년 이상 카페를 운영해오면서 체득한 진리입니다. 이토록 중요한 사실을 깨닫게 해준 이는 산야의 노무자들이었지요. 예를 들면, 카운터 너머 손님과 이야기를 하는 동안 저는 여러 가지 세상 돌아가는 이야기를 듣게 됩니다.

때로는 저와 같은 홋카이도 출신도 발견하지요. 손님에게 애정을 갖고 말을 건네다보면 그의 직업과 개성, 다양한 에피소드 등을 알게 됩니다. 세계 여러 곳을 여행한 손님과 얘기를 나눌 때면 저도 마치 그곳에 있는 것 같은 착각이 들기도 하고, 구구절절한 사연 때문에 객지에서 떠돌이 생활을 해야 하는 손님을 마주할 때는 가슴 한켠이 저려오기도 합니다. 그리고 이를 시작으로 또 다른 분들과 친해지는 경우도 많지요.

산야라는 지역, 또 카페라는 업종은 익명성이 우선일지도 모릅니다. 하지만 애정 어린 눈길로 손님에게 관심을 보이는 것은 다른 문제입니다. 그렇게 서로에게 관심을 갖다보면 카페라는 공간은 어느새 주인과 손님의 경계가 허물어지는 따뜻한 사랑방이 됩니다. 서로가 필요할 때, 또는 지역에 난처한 상황이나 어려움이 닥쳤을 때 슬기롭게 해결할 수 있는 방안도 찾을 수 있지요.

저는 카페 바흐를 운영하면서 세상은 혼자서만 살 수 있는 곳이 아님을, 그리고 TV 뉴스나 신문에서 나오는 것처럼 그리 각박하지만은 않다는 사실을 깨닫습니다.

카페 바흐는 일용직
노동자의 중계업소였다

　　　　노동자분들과의 관계에 대한 일화 하나를 소개하겠습니다. 창업 당시, 가게 주변은 매일 일용 노무자분들로 넘쳐났는데요. 그중에는 일자리를 알선하는 수배사도 있었습니다. 그는 사람들이 일자리를 찾아 카페로 모여들면 지시를 내린 후 건축현장으로 데려가곤 했습니다. 카페 바흐가 노동현장의 중계지점으로 기능했던 때입니다. 매일 일해야 하는 상황에서 그분들에게 카페 바흐는 없어선 안 될 삶의 터전이었던 셈이지요.

　매일 이른 새벽부터 손님들로 북새통을 이루는 가게는 엄청난 소동이 일어나는 무대였습니다. 보통 수배사는 노동자들에게 그날그날, 가야 할 건축현장의 전화번호와 장소 등을 알려줍니다. 그런데 어느 날, 한 노무자가 비몽사몽간에 수배사의 말을 흘려듣고서는 나중에 자신이 배정받은 장소를 모르겠다며 카페로 전화를 하셨습니다. 애타는 손님의 말에 어떻게든 도움을 주고 싶었지만 저도 경황이 없던 터라 그 내용을 기억할 도리가 없었지요. 그래서 그날 이후 꼬박꼬박 가게 기둥에 수배사가 말하는 위치와 번호를 잘 메모해두었습니다.

잊을 만하면 이런 일이 발생했지만 잘 적어놓은 덕분에 그때마다 상세히 알려드릴 수 있었습니다. 행여 수배사의 말을 제대로 듣지 못했더라도 저희 가게에 문의해 다행히 잘 일을 끝마친 분들은 하루를 마감하기 위해 다시 카페로 돌아왔습니다. 그러고는 "저를 살려주셨어요. 정말 감사합니다."라며 커피를 한 잔이라도 더 마시고 가셨지요. 하루 일당으로 생활을 꾸리시는 분들이 잠깐의 실수 때문에 그날의 일자리를 잃는 상황을 상상하면 제가 다 아찔합니다. 어느샌가 손님과 우리 사이에 그런 끈끈한 정이 쌓인 것입니다.

손님에게 참견하기

창업을 하고 얼마 안 되었을 무렵의 이야기입니다. 쉬는 날에는 종종 일용 노무자분들이 아이들을 데리고 함께 오시기도 했는데요. 그분들의 살아가는 형편을 다소나마 알게 되어버린 저는 어쩐지 신경이 쓰여 손님의 대화에 슬며시 귀 기울이곤 했습니다. 그러던 어느 날 한 부부가 이런 이야기를 나누고 있었습니다.

"간이숙박시설은 여러 모로 아이들 교육환경에 좋지 않아. 아무래도 다른 곳으로 이사를 해야만 할 것 같은데 뾰족한 방법이 없네. 우리 형편에 어지간한 동네로 이사하는 건 엄두도 못 내잖아."

도야가 늘어선 마을의 특성상 이런 비슷한 고민을 가진 손님이 많았던 터라 저는 "참견한다."라는 역정을 각오하고 나름의 조언을 했습니다.

"우리 가게 단골손님 중에 복지관계 일을 하는 분이 계십니다. 그분께 한번 상담을 받아보시면 어떨까요. 필요하시다면 제가 미리 말씀을 드려놓겠습니다.”

이야기를 나누던 부부가 의아한 표정으로 저를 바라보았습니다. 내친 김에 저는 좀더 깊숙이 참견을 하기로 마음먹었습니다. 잠시 그분들의 곁에 앉아 이야기를 이어나갔지요.

“도영주택(도쿄에서 관리하는 공공주택)이라고, 서민들에게 우선권을 주는 공공주택 제도가 있습니다. 주택 가격도 일반 시중가보다 훨씬 저렴하지요. 잘만 알아보면 두 분은 그곳에 들어가실 수도 있을 겁니다. 제가 신청서를 써놓을 테니까 시간 나실 때 한번 들고 가보시는 건 어떨지…….”

이 손님은 운 좋게 도영주택에 당첨돼 이사를 가셨습니다. 물론 이사 후 거리가 멀어져 전처럼 빈번하게 만나지는 못하지만, 그래도 지하철을 타고 일부러 찾아와주시는 변함없는 카페 바흐의 소중한 손님이시지요.

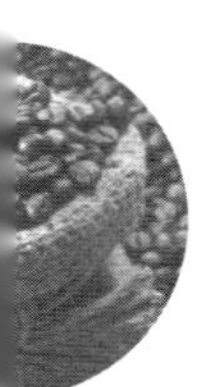

연말연시도 쉬지 않다

　　카페 바흐는 연말연시에도 쉬지 않고 영업합니다. 그 이유는 산야를 고향이라 여기고 찾아오는 사람들에게 한 잔의 따뜻한 커피를 내드리고, 조금이라도 편히 쉬어 갈 수 있는 시간을 선물하고 싶어서입니다.

　　시대가 변하고 주변 상황도 크게 달라졌지요. 그래도 오랜 기간 도쿄에서 멀리 떨어진 장소에서 일하다 10월부터 12월에 걸쳐 산야로 돌아오는 노동자들이 적지 않습니다. 꼭 가족이 있어서라기보다 딱히 갈 곳이 없어서 오시는 분들도 있지요. 그러한 분들께 자그마한 쉼터를 제공하는 것도 카페 바흐의 몫이라고 저는 생각합니다. 연말연시에는 외로움도 더 커지는 법이니까요.

죠칸지의 '해바라기 보살', 지역 사회활동에 적극 참여하다

카페 바흐에서 조금만 걸어가면 지하철 히비야선 미노와역과 가까운 곳에 죠칸지라는 절이 있습니다. 그곳에는 '해바라기 보살'이라고 부르는 보살상이 있는데요. 해바라기 보살은 지역 주민 이외에는 거의 알려져 있지 않습니다. 하지만 이 보살상이 만들어지게 된 배경은 의미가 깊지요. 당시 산야에는 정처 없이 떠도는 노동자가 많았습니다. 그분들이 무연불(無緣佛. 연고가 없는 망자)이 되었을 때, 지인들이 성묘하러 갈 곳이 없었지요. 그래서 그런 사람들을 위해 묘지를 만들어주자는 의견이 나오기 시작했고, 마침내 지역 복지센터 관계자들이 앞장서서 상점가를 주축으로 모금활동을 펼쳤습니다.

카페 바흐에서는 이재민에게 식사를 제공하거나 크리스마스에 공동으로 케이크를 만들어 어려운 이웃에게 나누는 지역 사회활동에 적극 관여해오고 있었습니다. 그래서 해바라기 보살을 세울 당시에도 카페에 모금함을 설치해 활동을 지원했지요. 그 당시 커피 한 잔이 약 3,500원이었는데 노동자분들이 4,000원씩 내고는 잔돈 500원을 모금함에 넣어주셨습니다. 그 풍경이 지금도 생생하게 떠오르는군요. 그 모습을 보며 가격인상은 어림도 없는 일이라고 생각했고, 어떻게 하면 가격을 고정시키면서도 안정적으로 카페를 운영해나갈 수 있을지를 고심했습니다.

모금이 끝나자 약 1,000만 원 정도가 모였습니다. 죠칸지의 해바라기 보살은 결코 생활이 여유롭다고 할 수 없는 노동자들의 따뜻한 마음이 모여 만들어졌죠. 그 성금은 '살아 있는' 돈이었습니다. 살아 있는 돈은 계속 생명력을 지니도록 해야 합니다. 결코 자신만의 욕심을 채우는 데 사용하여, 정체시키고 죽게 놔둬서는 안 되지요. 다른 사람에게 옮겨가고 그가 또 다른 이에게 전하는 과정에서 넘쳐흐르는 생명력은 많은 사람들 사이에 신뢰와 우정, 사랑을 낳을 것입니다. 저는 그때의 감동적인 기억을 가슴에 새기며 카페를 운영해오고 있습니다.

직원들에게 시장에서 장보도록 하라

　　카페 바흐에서는 직원들이 직접 만들어 먹는 식사를 중요하게 생각합니다. 도시락을 주문하면 수고로움을 덜 수 있겠지만, 저녁식사만큼은 직원들이 손수 준비하도록 합니다. 쌀을 씻고, 채소를 썰고, 고기를 볶는 일련의 작업을 젊은 스태프에게 가르치기 위한 목적도 있지만 '직접 만드는 식사야말로 지역과의 접점'이라고 생각하기 때문이지요.

　　무슨 뜻이냐고요? 저는 고기나 생선, 채소나 두부 등 모든 식재료를 지역 상점에서 직접 구입하도록 합니다. 매일 장을 보면서 카페 바흐를 중심으로 생성된 지역 주민과의 끈을 두텁게 하기 위한 노력이지요. 때로는 아내가 신입 직원들을 데리고 시장에 가기도 합니다.

　　"이번에 새로 들어온 신입입니다. 앞으로 잘 부탁드릴게요."라고 아내가 인사를 하면, 채소 가게 아저씨가 "아 신참인가, 잘해야 하네.”라고 친근한 격려로 답사를 해주시곤 합니다. 때로는 혼자 장을 보러간 스태프에게 “신참, 오늘 기운이 없네. 하나 더 줄 테니까 힘내!” 하고 격려를 보내시거나 “오늘 커피가 거의 떨어졌는데, 내일 올 때 블루마운틴 원두 좀 갖다주시게.”라고 주문하시기도 합니다.

사실 스태프들도 브레이크 타임에는 쉬고 싶은 마음이 우선일 것입니다. 신참이라면 이 시간에 조금이라도 커피를 더 배우고 싶을 테고요. 그러나 지역 주민들에게 카페 바흐를 인식시키고 우리 스태프들이 주민들과 마음 깊이 친해지는 데 이만한 방법은 없다고 생각합니다. 게다가 식재료를 판매하시는 분들도 스태프들이 먹을 음식이라면 일부러 더 싱싱한 것들을 골라주시기도 하지요. 조금만 번거로우면 두 마리 토끼를 잡을 수 있는데, 마다할 이유가 없겠지요.

스태프를 성장시키는 손님

　　카페 바흐에서는 서빙할 때 우선 테이블에서 한 발 떨어진 자리에서 "많이 기다리셨습니다."라고 말하게 합니다. 혹시라도 손님이 갑자기 일어나 쟁반에 부딪쳐 커피가 쏟아질 위험이 있기 때문이지요. 그 다음 천천히 다가가 커피 잔을 내려놓도록 지도하고 있습니다. 이러한 서비스 방식에 대해 단골손님들은 잘 알고 있기 때문에 신입 스태프가 그대로 따르지 않았을 때에는 "선배들이 그런 식으로 가르치지 않았을텐데……."라고 주의를 주기도 합니다. 또 신입이라 할지라도 서비스 태도가 좋은 직원에 대해서는 "저 친구 참 잘하는데!"라고 저와 아내를 통해 아낌없이 칭찬해주십니다. 카페 바흐에는 그렇게 손님들이 키워 점장이 되고, 또 훌륭하게 독립해 카페 주인이 되는 직원이 적지 않습니다.

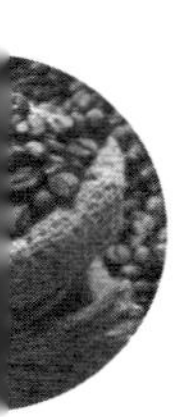

가게를 지탱하는 것은
스태프의 힘이다

　　　　손님들로부터 스태프들의 고객 서비스에 대해 자주 칭찬을 듣습니다. 가게의 주인으로서 그 이상 기쁜 일이 또 있을까요. 그럴 때마다 카페 바흐가 스태프들에 의해 유지되고 있다는 사실을 절감합니다.

　개인 사업의 경우 가게의 모든 일들을 주인 혼자 해내야 한다고 착각하기 쉽습니다. 그러나 카페 바흐가 그렇듯이 처음에는 주인이 혼자서 운영하던 곳이라도 자가배전이나 제과제빵과 같은 새로운 분야를 시도할 때에는 스태프를 고용하고 수를 늘려가며 키워야 합니다. 가게를 유지하고 지탱하게 하는 것은 스태프이기 때문입니다. 그러므로 주인은 스태프의 인생을 풍요롭게 해줄 비전을 제시하고 그들과 함께 성장해나가야 합니다.

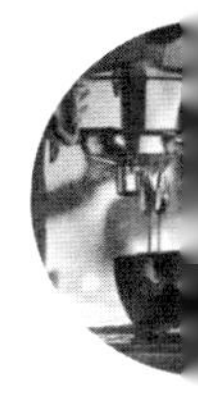

스태프를 훌륭한
인격체로 키워라

　　카페 바흐에서는 스태프 한 사람 한 사람의 자질을 키우기 위해서 물심양면으로 지원합니다. 창업 이래 음악회나 판화전, 문화세미나 등을 적극적으로 개최하고 있는데요. 이런 행사에는 당연히 스태프들도 참여시킵니다. 우리가 소중하게 생각하는 일들을 공유하기 위해서지요. 어쩌면 이런 일들이 카페 경영과 직접적인 관계가 없어 보일지도 모릅니다. 그러나 젊은 스태프는 음악과 친숙해지고 역사를 배움으로써 문화적 소양을 키울 수 있겠지요. 이를 통해 지금껏 만나지 못했던 세계를 은연중에 체험할 수 있을 겁니다. 카페의 스태프이기 이전에 '자신의 삶을 꾸려나가는 한 인격체'로서 필요한 덕목을 쌓는 셈이지요. 저는 스태프들이 커피 추출기술과 배전기술뿐만 아니라 교양을 폭넓게 흡수하도록 만듦으로써 진정한 카페 경영의 토대를 다질 수 있다고 생각합니다.

고급 레스토랑을
체험하라

"커피 한 잔 가격으로, 일류라고 알려진 고급 음식점에 뒤지지 않는 서비스를 제공한다." 이것이 카페 바흐의 고객 서비스 본질입니다. 이를 실현하기 위해 고급 음식점들의 서비스를 엿보아야 하는 것은 당연합니다. 다행히 먹는 것을 좋아하는 저는 이런 곳을 많이 다녀보았습니다.

언제쯤인지 정확하지는 않지만 친분이 있던 요리책 편집자에게 교토에 가면 꼭 들러야 하는 음식점 리스트를 부탁해 일류 음식점투어를 한 적이 있습니다. 당시 우리는 한 정통 일식집에서 식사를 하고 있었는데, 두 명의 다른 손님이 들어오더니 카운터석에 앉았습니다. 우리가 앉아 있던 쪽과 가까웠던 터라 둘의 대화가 자연스레 들려왔는데, 그들이 A라는 가게로 착각하고 이곳에 잘못 온 사실을 알게 되었습니다. 아직 두 사람은 전혀 눈치채지 못하고 있었지요.

그런데 음식점의 주인이 두 사람이 주문한 첫 맥주를 다 마셔갈 때에 맞춰 말을 걸었습니다.

"괜찮으시다면, A점에 전화를 걸어드릴게요. 두 분이 곧 가실 거라고 전해드리겠습니다."

두 사람은 처음에 얼떨떨한 표정이었지만, 주인의 부연설명을 듣고는 곧 자신들이 잘못 찾아왔다는 사실을 알아차렸습니다. 음식점 주인은 곧바로 A점에 전화를 했고, 두 사람이 헤매지 않도록 A점까지 가는 길을 설명해주며 정중히 배웅했습니다. 그 광경에 저는 커다란 감동을 받았습니다. 이후에도 그때를 잊지 못해 교토를 방문할 때면 종종 그 식당을 찾습니다.

흔히 일류 음식점이라고 하면 손님을 가리며 격식을 따지는 곳이 많다고 알려져 있습니다. 그러나 실제로 가보면, 세심한 배려와 정성스런 서비스로 손님을 감동시키는 곳들이 훨씬 많습니다. 그런 식당의 맛은 따로 언급할 필요도 없겠지요. 혹시 카페나 식당 창업을 고려하신다면, 따로 시간을 내서 소문난 일류 음식점을 꼭 탐방해보시길 권합니다. 돈은 다소 들겠지만 반드시 귀중한 체험을 할 수 있을 것입니다.

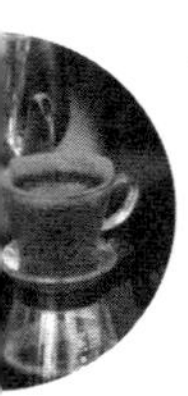

일류 음식점에서 거래처
사람들을 대접하라

저는 일식, 프랑스식, 이탈리아식 등 장르를 불문하고 무언가를 배울 수 있는 일류 음식점이라면 반드시 스태프를 데리고 직접 가봅니다. 일류 음식점 스태프들이 서 있는 모습이나 서비스를 직접 경험함으로써 이를 카페 바흐에서 활용할 수 있다고 생각하기 때문입니다.

예를 들면 고급 음식점의 메뉴판과 와인 리스트에는 가격이 씌어 있는 것과 그렇지 않은 것 두 종류가 있습니다. 회식을 주최하는 손님 즉 돈을 내는 손님에게는 가격이 씌어진 메뉴판을, 초대받은 손님에게는 가격이 없는 메뉴판을 건네는 것입니다. 또 식사를 마치고 나설 때 비가 온다면 미리 준비한 우산을 손님에게 드리는 곳도 있습니다. 지금은 많은 곳에서 볼 수 있는 서비스지만, 수석 셰프가 테이블까지 와서 인사하거나, 배웅해주는 서비스를 처음 경험했을 때는 정말이지

감격해서 잊지 못할 추억으로 남기도 했습니다.

　이런 일류 음식점에는 카페 바흐 그룹의 다른 주인들과 거래처 사람들을 모시고 함께 가봅니다. 한 가게의 주인이 아니라 손님이 되어 보는 경험은 쉽게 할 수 없는 일일 뿐만 아니라, 저의 체험을 그룹 점포들과 거래처의 다음 세대들과도 공유해 함께 성장하기를 바라는 마음에서입니다. 혼자만 알고 말로만 가르치는 것이 아니라 좋은 것을 나누면서도 스스로가 느끼게 하는 것만큼 효과적인 방법은 없을 것입니다.

여성이 일하기
좋은 환경을 만든다

카페 바흐에는 많은 여성 스태프가 일하고 있습니다. 정말로 소중한 동지들이자 귀중한 전력이죠. 그들이 최대한 능력을 발휘할 수 있도록 하기 위해서는 여성이 일하기 편한 직장 환경을 만들어야 합니다. 예를 들면 카페 바흐는 드립 바를 150센티미터인 사람도 피곤하지 않도록 낮게 설계했습니다. 드립할 때 바가 높으면 페이퍼드립 시 팔을 계속 들어올려야 하는데 온종일 이 자세로 있으면 몸에 무리가 옵니다. 키가 작은 여성이라도 팔을 올리지 않고 자연스러운 상태로 커피를 내릴 수 있도록 만들면 여유가 생겨 손님을 대할 때에도 미소를 띠울 수 있지요. 마음의 여유는 이성적으로 다짐만 한다고 이뤄지는 것이 아닙니다. 몸이 불편하면 마음도 자연히 일그러지게 마련이지요. 매사에 상대적으로 체력이 약한 여성 스태프를 기준으로 삼아 생각해보십시오.

일을 습득하지 못하는 것은
가르치는 사람에게 문제가 있기 때문

개인이 운영하는 가게에서 주인의 즉흥적인 결정으로 가게 룰이 바뀌는 상황을 쉽게 마주하곤 합니다. 또는 선임자나 선배들에 의해 임의로 바뀌는 경우도 있지요. 어제와 오늘 똑같은 일을 수행하지만 가르치는 사람에 따라서 방법이 달라지기도 합니다. 이런 일이 빈번하게 발생한다면 배우는 스태프에게는 큰 부담입니다. 어느 장단에 맞춰야 할지 몰라 의욕을 상실하기도 하고, 작업효율이 나빠지기도 하죠.

왜 이런 일이 일어날까요. 누구라도 금세 일을 배울 수 있는 기준을 만들어야 한다는 생각이 부족해서입니다. 카페 바흐에서는 신입이 들어와도 곧바로 적응할 수 있도록 몇 가지 규칙을 만들어놓았습니다. 전체적인 내용을 명확하게 기재해 쉽고 정확하게 익힐 수 있도록 했지요. 규칙대로 따르게 하지만, 지시대로 했음에도 불구하고 자주 틀

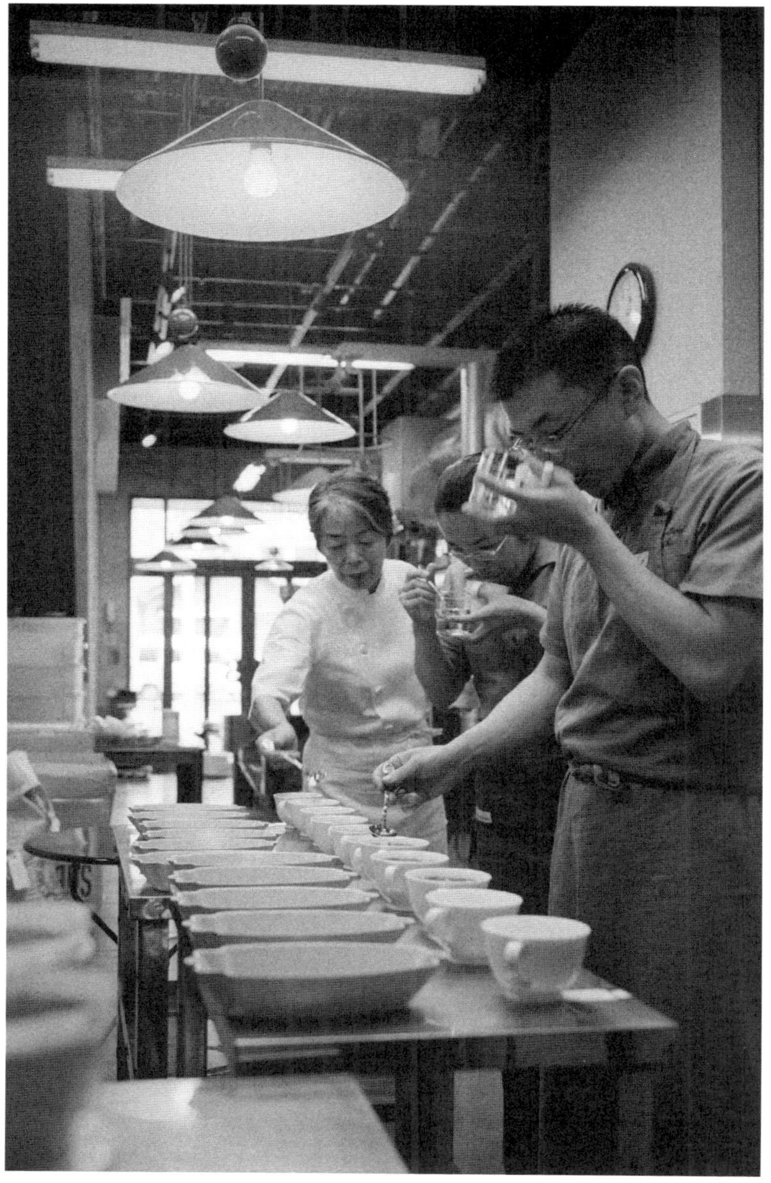

린다고 해서 혼내지는 않습니다.

신입 스태프가 일을 제대로 못하도록 만든 기준 자체가 나쁜 것이지요. 그럴 때는 기준을 재고하여 수정합니다. 올바른 기준을 설정함으로써 종업원이 습득하기 쉬워야 합니다. 무난하게 일을 진행해야 심신의 여유가 생기고 그래야만 다른 일도 더 할 수 있지요. 기계적으로 업무를 처리해나가는 것이 아니라, 스태프 스스로가 전체적인 카페의 전망을 그리고 자신이 하는 행동을 생각하면서 일할 수 있는 짬을 주기 위함입니다. 이렇게 되면 홀을 담당하고 있는 스태프의 경우 고객 응대에도 진심을 다할 수 있을 것입니다.

카페 바흐의 작업 기준

　　카페 바흐에서는 일의 내용에 맞춰서 기준을 설정하고 있습니다. 예를 들면, 배전 정도에 따라 커피 잔을 색으로 구분합니다. 약배전 커피는 밝은 핑크, 중간배전 커피는 갈색, 중간과 강배전 사이는 녹색, 강배전 커피는 힘이 있는 강한 모양이 새겨진 블랙 커피 잔에 담습니다. 그리고 주문에 맞춰 바로 사용할 수 있도록 색깔별로 진열장에 정리정돈해놓습니다.

　배전공장에서도 마찬가지입니다. 우리는 약 서른 가지 커피 생두를 취급하는데요. 한 자루에 60킬로그램인 포대는 여성 혼자 운반하기 어려우니 20킬로그램씩 나누어 재포장합니다. 그리고 생두 상태에서 핸드피킹하고 다음날 배전 계획에 맞춰 계량합니다. 배전된 커피 원두는 두 번째로 핸드피킹하여 커핑합니다. 이것이 공장에서 이뤄지는 일련의 작업 흐름입니다.

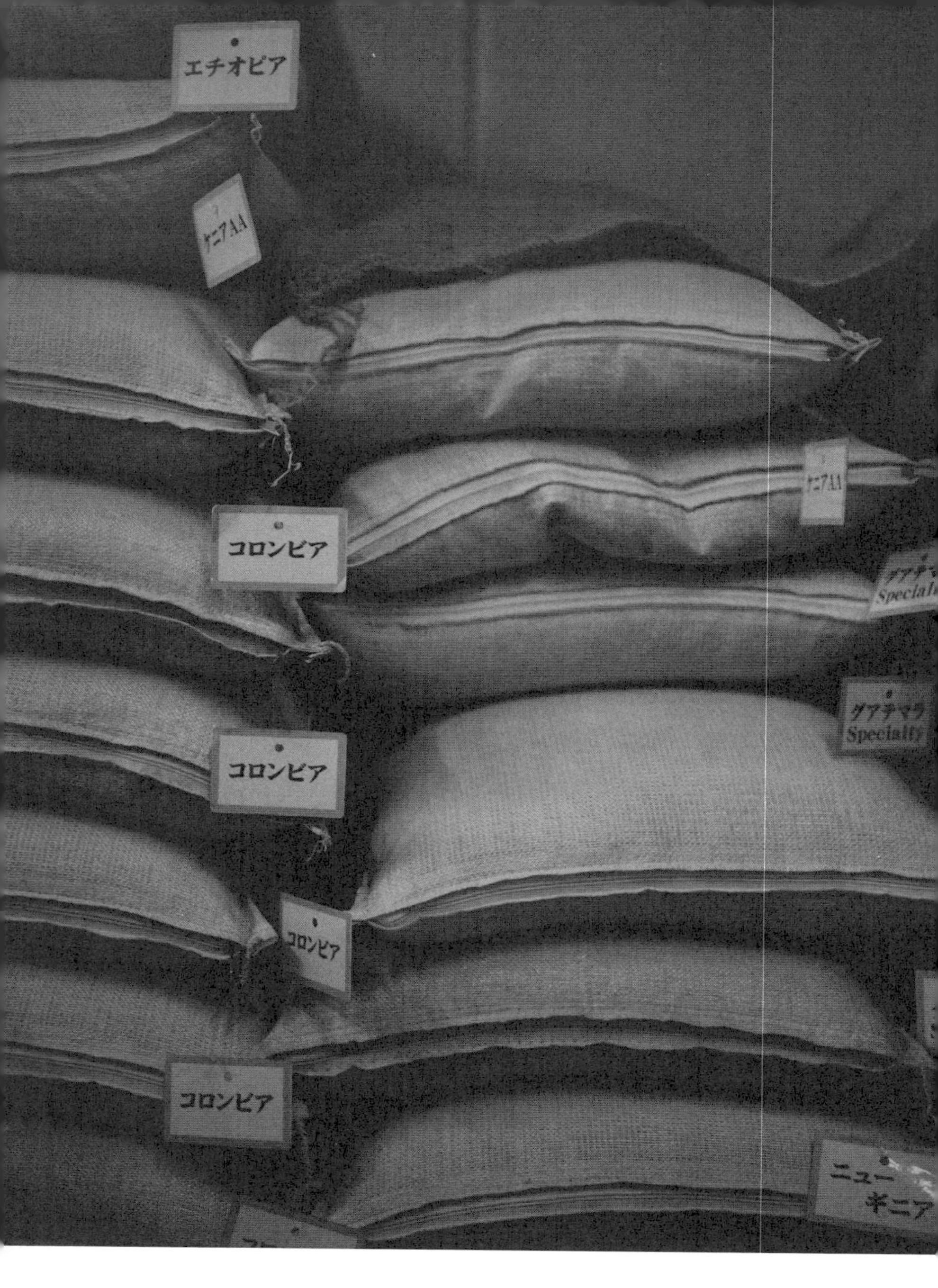

エチオピア
ケニアAA
コロンビア
コロンビア
コロンビア
コロンビア
ケニアAA
グアテマラ
Specialty
グアテマラ
Specialty
ニュー
ギニア

색깔별 카드로
일을 분류하고 정리하다

　　배전공장에서는 담당 스태프가 바뀌더라도 무리 없이 일을 진행할 수 있도록 커피콩을 분류하는 카드를 활용하고 있습니다. 기본적인 카드는 다음의 네 가지 색입니다.

약배전 … 핑크

중배전 … 옐로우

중간강배전 … 블루

강배전 … 그레이

또 이와 별도로 다음과 같은 라벨의 카드도 활용해 커피를 구분하고 있습니다.

1. 핸드피크하기 전의 생두 카드.

2. 핸드피크를 마친 후의 생두 카드.

3. 핸드피크를 마치고 곧 배전에 들어갈 생두 카드.

4. 배전을 마친 원두 카드.

예를 들면, 2. 핸드피크를 마친 후의 생두 카드에는 '마침' 도장을 찍어 핸드피크가 끝난 콩임을 한눈에 확인할 수 있도록 합니다.

그리고 날짜, 담당자의 이름, 소요시간, 결점두의 양, 선배의 어드바이스를 기입하는 칸을 만든 '핸드피크 작업전표'도 있습니다. 이로써 핸드피크한 생두의 양을 정확히 파악할 수 있고, 더불어 핸드피크한 스태프의 능력을 수치화할 수 있습니다.

배전을 마친 원두는 공장의 리프트를 이용해 1층에서 2층으로 운반합니다. 2층은 배전 후 원두를 정리하는 공간으로서, 스태프가 원활히 작업하고 커피의 신선도를 유지할 수 있도록 온도와 습도를 관리하고 있습니다. 배전 후 1~2주 안에 모두 소진할 만큼 손님이 많기 때문에 맛의 변화가 최대한 더디게 진행되도록 관리하지요.

그 후 배전된 커피는 커핑을 실시합니다. 이때 사용하는 커핑시트(cupping sheet)도 기본 카드와 같이 배전 정도에 따라 색을 달리합니다. 그래서 둘을 관련짓는 데 헷갈리지 않게 되지요.

스태프에 투자하라

　　"스태프 한 사람 한 사람의 인격을 존중하자. 그리고 그들의 능력이 가장 소중하게 쓰이도록 하자." 저는 항상 이런 시각으로 동료들을 바라봅니다. 기본적인 마음가짐을 이렇게 지니면 개개인의 장점을 밝은 눈으로 포착하고, 키워줄 수 있게 됩니다.

　카페 바흐에서는 스태프의 '재능 살리기'를 위한 투자를 소홀히 하지 않습니다. 예를 들면, 4년 이상 근속하여 어느 정도 일을 능숙하게 해내는 사원에게는 해외 연수 기회를 제공합니다. 물론 회사에서 전액 지원하지요. 그래서 점장이 2005년에는 미국으로 커피 소비국 견학을, 2006년에는 중미 과테말라와 온두라스로 생산지 견학을 다녀왔습니다. 또 같은 해에 제과제빵 담당 스태프는 프랑스 랭뒤카스, 포르마시옹에 제과 연수를 다녀왔습니다. 해외 연수는 이제 젊은 스태프들의 주요 목표 중 하나가 되었지요.

스태프를 숙련도로 평가하라

　　스태프를 평가하는 작업은 누가 봐도 알기 쉬운 형태로
실시해야 합니다. 그리고 그 척도는 언제나 일의 숙련도입니다. 일의
숙련 정도에 따라 각각의 스태프를 바르게 평가하여 인정해줘야 합
니다. 그래야만 '좀더 이 일을 잘해야겠다.'라고 자발적으로 스태프
들의 의욕을 불러일으킬 수 있습니다. 그 과정 속에서 스태프 전체의
기술이 향상됩니다.

　　카페 바흐에서는 신입에서부터 몇십 년 근무한 베테랑까지 한 데
모여 일하지만, 숙련도에 맞추어 크게 초급, 중급, 상급으로 나눕니
다. 그리고 각각 한 단계씩 더 높은 레벨의 기술을 익힐 수 있도록 지
도하고 있지요.

　　초급은 이제 막 들어온 신참 레벨입니다. 이들은 정확하고 확실하
게 일을 익히는 것을 최우선 과제로 삼습니다. 이를 위해 단순작업을

반복합니다. 중급은 한 가지 업무를 하면서 다른 일에도 눈을 돌릴 수 있습니다. 즉 상황판단을 할 수 있는 레벨이지요. 예를 들면, 커피를 내리는 동시에 가게로 들어오는 손님을 응대할 수 있어야 합니다. 상황에 맞춰 올바른 결정을 내릴 수 있는가를 기준으로 숙련도를 평가하고 있습니다. 끝으로 상급은 일의 우선순위를 자신의 생각에 따라 바꿀 수 있고, 새로운 일을 만들어낼 수 있는 레벨입니다.

숙련도로 평가하는 일에 있어 무작정 모두에게 같은 룰을 적용하는 것은 아닙니다. 신입이라면 당연히 미숙할 수밖에 없으므로 근무시간을 짧게 하고 한가한 시간대에 나오도록 합니다. 늦은 저녁 시간에는 손님 수가 비교적 적고 단골이 대부분이라 일에도 여유가 생겨 따뜻한 눈으로 손님을 바라볼 수 있기 때문이죠.

숙련도로 평가한다는 것은 결코 경쟁심리와 압박감을 준다는 뜻이 아닙니다. 한 사람의 기량을 펼칠 수 있도록 최대한 돕는 것이 우선이지요. 스태프의 성장속도에 맞춰 일이 익숙해지면 조금씩 바쁜 시간대로 이동합니다. 숙련되면 근무시간도 피크 타임으로 조정합니다.

복지 카페에서
성장한 스태프

JR 이케부크로역 동쪽 출구에서 조금만 걸어가면 마주하는 생활산업플라자 2층에 1995년 4월 오픈한 '카페 후레아이'가 있습니다. 사회복지법인 토신카이 하트랜드 히다마리가 운영하는 카페로 지체 장애가 있는 사람들의 자립을 지원하기 위해 만들어졌는데요. 카페 바흐에서는 이곳이 개업했을 때부터 후원해, 지금도 지속적인 지원활동을 펼치고 있습니다.

개업 당시 카페 운영을 도맡는 동시에 다음 점장으로 성장할 만한 스태프를 파견해달라는 요청이 있었습니다. 그래서 최고의 인재를 골라서 보냈고, 카페 바흐의 점장이었던 사키야마 류스케 군도 이곳에서 일하게 되었지요.

사키야마 군은 카페 후레아이에서 4년간 근무하면서 후임자를 키운 뒤, 고향으로 돌아와 자신의 카페를 열었습니다. 솔직히 사키야마

군이 카페 바흐를 떠나면 전력 손실이 상당히 클 것이라 예상했습니다. 그러나 카페 후레아이의 설립 취지에 크게 감동하며 자신이 꼭 해내고 싶다는 사키야마 군의 포부를 듣는 순간, 저의 손실쯤은 기꺼이 감수하기로 마음먹었지요.

누군가를 위해 일하는 과정은 스스로를 부쩍 성장시킵니다. 누군가를 도우려는 행위는 사실 자신을 구하는 일이기도 합니다. 그 진리를 카페 후레아이에서 배운 사키야마 군은 자신이 오픈한 카페를 손님이 끊이지 않는 곳으로 크게 키워냈습니다. 카페 바흐가 이러한 인재를 길러내는 둥지 역할을 한다는 사실을 저는 자랑스럽게 생각합니다.

제2장

카페를 시작하려는
사람들에게

카페를 시작하려는 사람, 그리고 스스로의 삶을
새로이 창조하기 위해 카페를 개업하고 경영하
는 동료들에게 전하고 싶은 말이 있습니다.

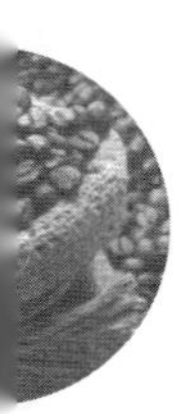

자신의 가게를
객관적으로 볼 수 있습니까

　　미래의 꿈이 근사한 자가배전 커피숍 운영이라 말하는 사람들이 많습니다. 그러나 그런 사람들이 모두 성공하리라는 보장은 없지요. 오히려 처음에 그렸던 이미지와는 크게 달라 중도에 좌절하고 포기하는 사람이 적지 않습니다.

　　성공하거나 반대로 생각보다 잘 안 되어 문을 닫을 수밖에 없는 사람. 이들의 차이는 어디에 있을까요. 이유야 여러 가지겠지만 우선 전체적인 밸런스를 보지 못하는 좁은 시야가 문제입니다. 특히 개인 경영의 경우, 자신의 가게를 객관적으로 보기가 어렵습니다. 그럼에도 불구하고 정작 본인은 깨닫지 못하는 경우가 부지기수죠. 카페가 망하는 근본 원인도 여기에 있습니다.

취미로 운영하는 가게의 성공률, 1퍼센트

　　개인 카페를 운영하는 사람 중에는 갑자기 충동적으로 마음이 동하여 개업하거나, 개인의 취미와 취향을 그대로 가게에 반영하는 경우가 많습니다. 이런 가게는 주인과 같은 취향을 지닌 손님에게 매력적일지언정, 그 외 많은 고객들을 만족시키기는 어렵습니다. 아무리 커피가 훌륭해도 경제적으로 취약해질 수밖에 없지요.

　밸런스가 나쁜 가게가 바로 이런 경우인데 의외로 우리 주변에서 쉽게 찾아볼 수 있습니다. 실제로 저도 제 취향을 가득 담아 가게를 꾸리고 싶었습니다만 그렇게 하지 않았습니다. 저 혼자는 만족할지 모르지만 손님 역시 그러리라는 보장이 없었기 때문입니다. 만약 제 의도대로만 했다면 지금의 카페 바흐는 없었을 것입니다. 어쩌면 일찍 문을 닫았을지도 모르죠.

　카페 경영은 취미가 아닙니다. 장사이자 일입니다. 또한 함께하는 스태프에게는 카페에서의 업무가 생업입니다. 그만큼 부담과 책임감이 커질 수밖에 없습니다. 싫어하는 일이라도 하지 않으면 안 될 때가 있습니다. 그런 강건한 마음도 못 지닌 채 경영을 잘해낸다는 것은 한낱 꿈에 불과한 이야기지요. 카페 바흐는 가게 이름이 '바흐'라는 점 때문에 주인이 음악을 좋아할 것이라고 많은 사람들이 생각합니다. 바흐의 음악만을 줄곧 틀어댈 것 같은 뉘앙스를 주기도 하지요. 사실 반은 맞고 반은 틀립니다. 저는 음악가 바흐를 좋아하지만, 그만큼 목표로 삼고 열심히 해보자는 다짐에서 비롯한 것입니다. '바흐'라는 이름에 부끄럽지 않은 가게로 키워내려는 '각오' 그 자체인 셈입니다.

그러니 함부로 자신의 취향만으로 가게를 꾸미지 마십시오. 자신의 가게를 열 곳의 지역 특색, 사람들의 유형, 근처 가게들의 인테리어 등을 꼼꼼히 조사하고 살피십시오. 가능하다면 직접 주민들을 인터뷰하거나 지역을 잘 아는 부동산 중개업자를 찾아가 궁금한 것들을 물으십시오. 카페를 경영하는 것은 지역에 녹아드는 일입니다.

카페는 한 그루의 커피나무다

경영은 한 그루의 나무를 키워내는 일입니다. 자신의 가게라는 '커피나무'를 그리고, 그 나무를 냉정하게 바라보는 일에서부터 카페의 성공비결이 있습니다. 한마디로 나무라고는 했지만 여러 가지 형태의 나무가 있겠지요. 줄기가 가늘고 키만 큰 흐늘흐늘한 나무, 줄기가 굵고 튼튼하지만 가지와 잎이 없는 나무, 하늘을 향해 쭉쭉 뻗지 않고 좌우로 기울어져 있는 나무…….

이러한 나무들은 균형이 잡히지 않았기 때문에 강한 바람이 불면 곧 쓰러지고 맙니다. 성장에 필요한 제반 요소가 부족하기 때문에 튼튼한 나무로 자랄 수 없지요. 그렇다면 뿌리가 단단하고 크게 성장할 수 있는 좋은 '커피나무'로 키우려면 어떻게 해야 할까요. 이런 물음 끝에 제가 생각해낸 것이 바로 '커피나무' 경영입니다.

튼튼한 커피나무를
키운다

세찬 폭풍우에도 굳건한 커피나무는 땅에 단단하게 뿌리를 내리고, 튼실한 줄기를 만들며, 아래쪽에서 위를 향해 균형 있게 가지와 잎이 뻗어나가야만 합니다. 그래야만 알알이 소중한 열매를 맺을 수 있겠지요.

가게 경영 역시 한 그루의 커피나무를 키워내는 것과 같다고 생각해보면 어렵지 않습니다. 우선 꼭 해야 하는 일의 순서로 가지와 잎을 그려봅니다. 그 뒤 이를 바탕으로 가게 운영의 균형이 좋은지 나쁜지를 체크하며 수정해나갑니다. 아주 기본적인 일들이지만 가지와 잎을 그리고 잘못된 부분을 바로잡아 제대로 뿌리내리지 않으면 쉽사리 흔들리는 갈대가 돼버립니다.

오픈 전 필요한 모든 것을
나열한다

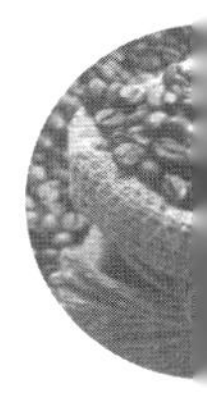

　　가게를 개업하고 경영하기 위해 익히지 않으면 안 되는 일들이 많습니다. 예를 들면 생두 구입에 필요한 커피 지식과 배전기술 습득에서부터 가게를 내기 위해 필요한 자금 만들기입니다. 또한 가게를 운영할 때 절실한 경영 능력 또한 빼놓을 수 없습니다. 그 외에도 어떠한 영업 형태의 점포를 만들지, 필요한 인원은 얼마가 적당한지, 어떤 서비스로 손님을 맞을지, 가게 홍보는 어떤 방법이 좋을지 등 고려해야 할 사항들이 넘쳐납니다. 따라서 이 모든 일들을 순서대로 나열하고, 하나하나 진지하게 고민해 확실히 준비해야 합니다. 습득하거나 완료한 내용들에는 '마침' 표시를 붙여서 다음 단계로 나아갑니다. 만약 아주 기초적인 것들을 습득하지 못했다면 다시 처음으로 돌아가야 합니다. 이렇게 함으로써 한 그루의 균형 잡힌 '커피나무'를 키워갈 가능성을 쥐게 됩니다.

서두르지 말고
착실하게 임한다

커피나무가 하루아침에 크고 튼실한 거목으로 자랄 수는 없습니다. 나무에도 나이테가 있듯이 서두르지 않고 차근차근 진행하는 것이 중요합니다. 성공하려고 한다면 무엇보다 견실함이 중요하지요. 미리 계획을 세우고 개업을 위해 필요한 준비사항을 꼼꼼히 확인해야 합니다.

- 지금 바로 해야 하는 일
- 그 다음 습득해야 하는 일
- 앞으로도 계속 해나가야 할 일
- 미래 비전을 위해 준비하고 이뤄나가야 할 일

이러한 사항을 적어두고, 확실하게 하나씩 실천하여 습득해야 합니다. 얼핏 보면 시간이 걸려 어려울 것 같지만 이것이야말로 성공으로 가는 최고의 지름길입니다.

4~5년 단위로 목표를 설정한다

카페 바흐에서는 창업을 준비하는 사람들에게 다음과 같은 사업계획을 제안하고 있습니다. 우선 4~5년 단위로 목표를 설정하고 이를 실천하기 위한 밑바탕 공부를 합니다. 그 다음 차곡차곡 가게를 운영하고 발전시킴으로써 개업 당시 설정한 것 이상의 더 높은 목표를 꾸준히 세워나갑니다. 예를 들면 이런 것들입니다.

- 최초의 4~5년은 커피원두 판매만을 목표로 삼아 고객 확보와 커피 홍보에 주력한다. 이를 통해 거래처의 신용을 얻는다.
- 그 다음 4~5년 동안 카페를 만든다.
- 이후 4~5년은 인재를 키우고, 조직을 구성하고, 후배들에게 기술을 전달한다.

이런 체계를 따르면서 눈앞의 이익에 급급하기보다 장기적인 안목을 갖춰야 합니다.

# 입지와 점포 유무는
최우선 조건이 아니다

"자가배전 커피숍을 개업하고 싶은데 어떤 장소에 가게를 내면 좋을까요?"

"점포의 규모는 어느 정도로 정해야 할까요?"

자가배전 카페를 창업하고 싶은 사람들로부터 이러한 질문을 가장 많이 받습니다. 또 경영 컨설턴트 중에는 자금을 모으거나 기술 습득 전에 "이러한 입지조건에서, 이러한 점포 구성을 해야 한다."라고 말하는 사람도 있습니다.

그러나 이 질문과 답은 시작부터 모두 틀렸습니다. 그 순서가 다릅니다. 입지조건과 점포 구성은 나중에 생각해도 됩니다. 그 전에 하지 않으면 안 되는 중요한 일들이 있지요.

그렇다면 어떤 것들을 먼저 갖추어야 할까요? 제가 늘 강조하는 세 가지는 첫째 자금, 둘째 기술 습득, 셋째 고객 만들기입니다. 이 최우선 과제들을 순서대로 차근차근 달성하는 것이 가게를 성공으로 이끄는 키포인트입니다.

예를 들면, 카페 바흐 그룹 점포 중에는 산속에 가게를 내고도 크게 성공한 경우가 있습니다. 결코 좋은 입지조건이라고 말할 수 없는 곳이었죠. 또 점포 없이 커피원두만을 판매하기 시작한 곳도 있습니다. 이곳은 이후 고객의 지지를 얻어 매출이 크게 늘면서 훌륭한 점포를 냈습니다.

유리한 입지조건과 멋진 점포를 갖고 시작하는 것이 결코 나쁜 일은 아니지만, 먼저 고려해야 할 조건을 혼동해선 안 됩니다. 이에 대해 좀더 세부적으로 설명을 해드리겠습니다.

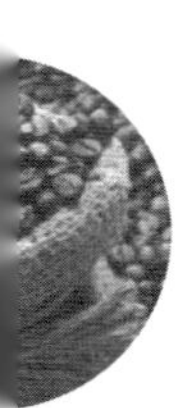

아무리 좋은 일도
경제력이 뒷받침돼야 한다

개인 사업자의 경우 경제적인 뒷받침은 필수조건입니다. 자금력 없이는 아무리 좋은 일을 하더라도 경영 악화를 초래해 가게 문을 닫기 십상이지요. 어떤 사업이든 경제적으로 허용하는 범위 내에서만 실현 가능합니다. 아무리 고매한 이상이라도 현실적인 요건이 충족되지 않으면 자신뿐만 아니라, 다른 사람에게까지 폐를 끼치게 됩니다. 이 사실을 분명히 머릿속에 새겨두어야 합니다. 만약 정말로 꼭 이뤄내고 싶은 일이 있다면 그에 합당한 경제력을 우선 확보해야 합니다.

황금부지는 스스로 만드는 것

　"음식점의 성패는 입지 싸움입니다. 입지의 좋고 나쁨이 최우선입니다."라고 말하는 사람이 적지 않습니다. 맞는 말일 수도 있겠지만, 자금이 넉넉치 않은 사람에게는 사정이 다릅니다.

　대기업처럼 여유자금이 풍부한 곳이 아니라면 소규모의 개인 점포가 황금부지에 가게를 내는 것은 하늘의 별따기입니다. 목 좋은 자리에 이미 땅을 가진 사람이라면 모를까, 지금부터 적은 자본으로 가게를 내려고 하는 사람이라면 '최고 입지'라는 말 자체를 잊어야 합니다. 오히려 일반적으로 남들이 선호하지 않는 입지조건을 선택하는 배짱을 가져야 합니다.

　그런데 잠깐, 다시 한 번 생각해봅니다. 일반적으로 사람들이 생각하는 황금부지는 도대체 어떤 곳입니까. 유동인구가 많은 도쿄의 긴자라든지 신주쿠를 들 수 있을까요? 그러나 찬찬히 돌아보며 생각을 바꿔봅시다. 지금 우리가 최고의 자리로 꼽는 땅값이 비싼 곳들은 앞선 누군가가 가게를 열어 돈을 번 후의 장소를 말합니다. 과연 이런 장소에 적은 자본의 개인이 가게를 낸다면 수지타산을 맞출 수 있을까요? 여러분의 목표는 목 좋은 곳에 가게를 내는 것이 아니라, 가게를 낸 장소가 훗날 1등부지가 되는 것 아닐까요?

준비되지 않은 창업은 금물

　　카페 창업을 준비하는 사람들 중에는 제대로 기술을 습득하기 이전에 자금을 확보했다고, 좋은 건수를 찾았다고, 또는 도와줄 사람을 찾았다는 이유만으로 창업을 서두르는 경우가 종종 있습니다. 제가 가장 염려하는 분들이지요.

　카페를 내기 전까지 습득해야 할 일이 정말 많습니다. 커피 생두를 고르는 일에서부터 배전법, 커피 추출법, 비품 구입법, 카페 경영법, 고객 서비스에 이르기까지 그 어느 하나도 소홀할 수 없는 문제들입니다. 그러나 이중에 2~3개월만에 습득해낼 수 있는 성격의 일은 하나도 없지요. 따라서 충분한 시간을 들여 기술을 연마해 몸에 밸 수 있도록 해야 합니다.

　기술 습득의 중요성을 머리로는 알지만, 당장 가게를 오픈해야 한다는 마음이 앞서 적당히 배워 독립하는 사람들을 숱하게 봐왔습니

다. 자기 스스로가 미숙함을 알고 개점한 뒤에도 쉬지 않고 공부해나
간다면 좋겠지만 이런 경우는 매우 드물지요.

일단 영업을 개시하면 '오픈 호경기'로 손님이 밀려오는 것이 자연
적 이치입니다. 하지만 여기에 자만해 기술 습득에서 손을 떼거나, 매
일 눈코뜰새 없이 바쁜 나머지 그날그날 해야 할 일들을 처리하는 정
도에 그쳐버리고 맙니다. 이런 경우 십중팔구 기술 습득을 위한 시간
을 내기 어려운 상태로 영업을 이어가게 되지요.

그러나 이대로 방치한 기술 부족은 훗날 커다란 구멍으로 나타납니
다. 모래로 쌓은 성처럼 시간이 경과하고 가게가 커질수록 언제 무너
져내릴지 모르지요.

회사일을 병행하면서
기술을 습득하라

　　개인 창업을 목표로 하는 사람들 중에는 빨리 기술을 익히려고 서두른 나머지 지금까지 일해오던 회사를 그만두는 경우가 있습니다. 돈이 많은 사람이라면 상관없겠지만 사표를 내기 전에 한 번 더 냉정하게 생각해볼 필요가 있습니다. 회사를 다니면서 안정적인 수입을 보장받을 수 있는데도 서둘러서 그만두고 야금야금 돈을 깎아먹는 행위는 어리석은 짓입니다. 매월 적은 금액이라도 수입을 확보함으로써 자금을 축적하고, 이런 토대 아래서 개업에 필요한 기술과 지식을 습득해나가는 것이 바람직합니다.

　　카페 바흐 그룹 점포 중의 하나인 '카페 한즈'(168쪽 소개)라는 곳이 있습니다. 사토 마도카 씨가 회사를 그만두고 아내인 마사미 씨와 함께 2008년 5월에 오픈한 점포인데요. 요코하마와 오오후네를 연결하는 JR 네기시센의 네기시역에서부터 도보로 6~7분 가량의 산업도로 근처에 위치한 곳입니다.

사토 씨도 한때 회사를 그만두고 기술을 배우겠다고 생각한 적이 있었습니다. 하지만 현실적인 상황을 고려한 끝에 회사에 적을 두고 집과 카페 바흐를 오가며 기술을 먼저 습득하기로 결정했습니다. 회사에서 일을 마치면 전철을 타고 환승해가면서 카페 바흐의 트레이닝 센터까지 갔지요. 퇴근 후 트레이닝 센터에 도착하면 오후 6시 30분에서 7시경이었습니다. 그때부터 사토 씨는 자신만의 시간으로 삼아 심야 12시를 넘기면서까지 공부했습니다. 그리고 주말에는 아내와 함께 다니며, 배전과 핸드피크 등의 기술을 배웠지요.

결코 녹록치 않은 과정이었습니다. 하지만 부부는 이처럼 만만찮은 도전을 기꺼이 감수했습니다. 커피에 대한 애정과 열정 덕이었지요. 이런 착실하면서도 고된 노력을 일년 이상 지속하여 개업에 필요한 것들을 조금씩 준비해간 결과물이 바로 카페 한즈입니다.

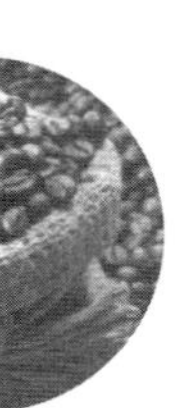

주말과 출퇴근
이동 시간을 활용하라

회사를 다니면서도 아침저녁, 출퇴근 이동 시간, 주말을 효율적으로 활용하면 개업에 필요한 기술과 지식을 충분히 배울 수 있습니다. 특히 출퇴근 이동 시간에 지하철에서 짬짬히 하는 공부는 한꺼번에 몰아서 학습하는 방법보다 훨씬 효과적입니다. 이 자투리 시간들을 모아 1주일에 5시간을 할애했다고 칩시다. 1개월에 20시간, 1년 동안 지속하면 240시간을 공부한 셈입니다.

현재 30대에 접어든 사람이 자가배전 커피숍을 생각하고 있다면 대여섯 차례 받은 보너스를 꼬박꼬박 모을 경우 결코 늦지 않은 나이에 카페를 오픈할 수도 있습니다. 절대로 서두르지 않되, 목표 지향적으로 자산을 만들어나가길 권합니다.

카페 바흐 그룹 점포 중에는 2002년 2월, 아키타현 카타가미시에 오픈한 '카페 브레너'(160쪽 소개)가 있습니다. 사토 토모요시 씨가 주인으로 아내 사치코 씨와 함께 "도쿄에서 멀리 떨어진 오가반도에 정말 맛있는 커피를 알리고 싶다."라는 일념에서 시작한 곳이지요.

　직장인이던 사토 토모요시 씨는 어느 날 회사에 휴가를 내고 "지금부터 개업자금을 확보하면서, 동시에 자가배전 커피숍에 필요한 기술을 습득하고 싶습니다."라며 카페 바흐에 오셨습니다. 커피에 대한 집념과 진실함이 묻어나 저는 여러 가지 조언을 해주었고, 그 뒤 사토 씨는 격주로 주말마다 아키타현에서부터 도쿄의 카페 바흐를 찾았습니다. 이동거리가 먼 탓에 자주 강의를 들을 수 없었던 사토 씨는 출퇴근 시간을 이용해 주말에 학습한 내용을 복습하고 과제를 수행했습니다. 그리고 2주에 한 번씩 도쿄로 와 또 다른 기술을 배우고 공부하기를 반복했습니다. 당연히 새로 배우는 기술과 지식의 양은 직장인인 그가 감당하기에는 벅찼을 겁니다. 때로 지치고 포기하고 싶은 날이 있었을 테지만 그는 착실하게 자신의 꿈을 향해 나아갔지요. 그렇게 준비하기를 무려 3년. 마침내 필요한 돈과 커피 기술을 습득한 그는 자신만의 카페를 오픈했습니다.

사람은 실패해야 성장한다

실패를 두려워해서는 안 됩니다. 몹시 진부한 말 같지만 실패가 그 사람의 경험이자, 피가 되고 살이 되기 때문입니다. 실패한 적이 없다는 말은 아무것도 하지 않았다는 얘기와 마찬가지입니다.

저 역시 처음 배전을 시작했을 때 실패를 거듭했습니다. 얼마나 무수한 커피콩들이 버려졌는지 모릅니다. 배전하고 핸드피크한 커피를 커핑했는데 생각처럼 나오지 않았을 때는 어쩔 수 없이 모든 콩을 버려야만 했지요. 1킬로그램, 2킬로그램씩 봉투에 넣어서 버렸는데 어느 샌가 2봉지가 3봉지로 다시 4~5봉지로 늘어만 갔습니다. 하루는 쓰레기 치우는 분이 커피향이 나는 봉투가 쌓여있는 것을 보고 걱정이 되셨는지 쓰레기랑 혼동해서 잘못 버린 것 아니냐, 정말 버리는 것이 맞느냐고 물어본 적도 있을 정도였습니다.

하지만 저는 결국 손님들이 좋아하는 적정한 맛을 찾아냈고, 카페 바흐만의 커피를 만들었습니다. 이는 결코 자랑이 아니라 제가 거쳐 왔던 길고 긴 실패를 긍정한다는 뜻입니다.

그러나 요즘은 젊은 사람들에게 너무 세세하게 가르쳐주는 것은 아닐까라는 우려도 듭니다. 예로부터 장인들은 "타인의 일을 보고 기술을 몸에 익혀라."라고 했습니다. 일일이 가르쳐주는 법이 없었지요. 그 방법이 전적으로 옳다고 할 수는 없습니다만 실패하지 않기 위함이라는 미명하에 도전해보기도 전에 모든 답을 다 보여주는 것이 과연 옳은 일일지 종종 자문해봅니다.

이런 방법은 젊은 스태프들이 자신만의 카페에서 예상치 못한 일을 겪었을 때 당황하게 만들지요. 기본적인 기술과 대처방안을 익혔다면, 그것보다 좀더 레벨이 높은 일을 하도록 유도해 때로는 실패 속에서 스스로 배우게끔 만들어야 합니다. 그래야 훗날 그들이 카페 바흐라는 둥지를 떠나서라도 자립할 힘을 지닐 수 있겠지요.

실패에도 필요한 것과
그렇지 않은 것이 있다

실패는 소중한 것이지만, 모든 실패가 좋은 경험은 아닙니다. 실패에도 필요한 것과 낭비에 불과한 것이 있습니다. 필요 없는 실패란 착각에서 오는 실패입니다. 같은 실수를 여러 번 반복하게 만들지요. 학습효과가 전혀 없는 실패이기 때문에 그 어떤 경험으로도 남지 않습니다.

반대로 논리를 바탕으로 했으나 실패한 경우는 경험이 됩니다. 다음에 임할 때에는 그 방법을 제외한 다른 방법을 취하면 되니까요. 제외된 남은 방법 가운데에 정답은 반드시 있습니다.

실패 속에서 성공을 찾아내는 것은 일종의 화학실험과 같습니다. 가령 1만 번 실패했다 하더라도 남은 방법 중에 반드시 정답이 있을 것이기 때문에 이를 찾기 위해서라면 얼마든지 실패할 수 있습니다.

가게를 내기 전에
미리 고객을 확보해둔다

　　"가게를 오픈했으니, 이제 손님을 끌어 모아야겠다!" 가혹하게 들릴지 모르겠으나 이런 생각으로는 성공 근처에도 가지 못합니다. 애석하게도 승패는 개업 전에 이미 판가름납니다. "개점 전에 얼마만큼의 손님을 확보해두었는가."가 성공의 열쇠입니다.

　'가게도 없는 상태에서 어떻게 손님을 모은다는 거지? 상식적으로 이해가 되질 않아!'라고 생각하는 분들도 있을 것입니다. 그러나 방법은 있습니다. 많은 카페 주인분들이 사용하는 방식, 즉 개업 초기에 커피 가격을 할인하고, 다양한 이벤트를 벌이는 것보다 더 효과적이지요.

　예를 들어 배전 연습을 하면 제가 그랬던 것처럼 2~3킬로그램씩 버려지는 커피가 발생할 것입니다. 이것을 그냥 폐기하지 말고, 작고 투명한 봉투에 담아 소량씩 포장하십시오. 그리고 손님이 되어주었으면 하는 길거리의 사람들에게 나눠주는 것입니다. 간단한 인사말과 함께 카페 개업 예정일을 명시한 스티커 등을 붙인다면 금상첨화겠지요. 이렇게 해서 동네 사람들에게 이런 커피숍이 생길 거라는 사실을 미리 인식시킬 수 있는 기회로 삼으십시오.

가령 가게 오픈 전에 200명 정도에게 커피 봉투를 건네보십시오. 이들 200명 중 30퍼센트만 찾아와준다고 해도 60명입니다. 이 정도만으로도 개업 전에 안정적인 손님을 유치할 수 있는 것입니다. 한 명의 손님이 주1회, 200그램의 콩을 구입해준다면 1개월에는 800그램이 되겠지요? 같은 양을 60명의 손님이 사준다면 4만 8,000그램입니다. 이렇게 하면 개업한 그 달부터 안정적인 커피 판매량을 미리 계산하고 대처할 수 있습니다.

커피 맛보다 고객이 우선이다

제아무리 훌륭한 커피라 할지라도 손님이 마시지 않는다면 가치가 없습니다. 장사가 안 되는 것은 물론이요, 가게 문을 닫을 수밖에 없는 상황이 도래합니다. 사람들이 카페를 찾는 데에는 커피 맛이 제1조건으로 작용하는 게 아닙니다. 훌륭한 커피를 만들어내는 것도 중요하지만, 불친절과 자기만족으로는 결코 손님을 만족시킬 수 없습니다.

그렇다면 커피 이외에 어떤 것들을 생각해야 할까요? 최우선시해야 하는 일은 주인 및 스태프의 성품과 서비스 방법입니다. 주인의 태도가 나쁘거나 스태프의 대응이 조잡스럽다면 손님이 어떤 인상을 받을까요. 이럴 경우 어렵게 내린 훌륭한 커피를 쓸모없게 만드는 것은 물론이거니와, 손님에게 마실 기회조차 주지 못하는 건 아닐까요?

손님에게 훌륭한 커피를 내고 싶다면, 그 전에 나쁜 인상을 주지 말아야겠지요. 어떻게 해야 고객이 카페에 좋은 인상을 가질지에 대해서 고민해야 합니다. 고객이 카페로 발길을 돌린 다음에야 비로소 커피 맛의 평가로 이어지는 것입니다. 커피의 훌륭함을 느끼게 하기 위해선 우선 주인과 스태프의 인품, 고객 서비스 방식을 갈고닦아야 합니다. 카페는 커피만으로는 유지되는 게 절대 아닙니다. 이를 가능하게 만드는 것은 바로 '사람'입니다.

아무리 가진 게 많아도 사람이 맛깔스럽지 않으면 친구가 찾아들지 않듯이, 커피 맛이 덜하더라도 접대하는 사람이 훌륭하다면 손님은 다시 카페에 찾아옵니다. 이렇게 말하면 개중에는 "뭐라고 하는 거야, 커피 맛이 우선이지!"라고 반론하는 분도 계실 겁니다. 물론 커피와 사람 모두 맛있어야 이상적입니다. 그럼에도 굳이 이런 표현을 쓰는 까닭은 '맛있는 커피'만으로는 다른 가게들과 차별화할 수 없기 때문입니다. '맛있다'라는 느낌은 사람의 감정과 취향에 따라 크게 달라집니다. 여기서 강조하고 싶은 것은 커피 자체의 품질과는 별도로 고객의 마음을 움직이는 카페 분위기를 조성해야 한다는 사실입니다.

커피 한 잔에
최고 대접을 담는다

카페 바흐는 창업부터 커피만큼, 아니 커피 이상으로 고객 서비스에 신경을 써왔습니다. 손님은 왜 카페를 찾는 것일까요? 커피를 마시기 위해? 산책하러 나왔다가 휴식하기 위해? 약속 장소이기 때문에? 친구와 수다를 떨기 위해? 식사하기 위해? 비즈니스 미팅을 위해? 혼자서 책을 읽으려고?

가게를 찾는 동기는 모두 제각각이지만, 목적 자체가 불분명해 아예 없다고 할 수 있습니다. 자동차 매장에 갈 때에는 "자동차를 산다."라는 매우 분명한 동기가 있지만, 카페는 그렇지 않습니다. 굳이 카페 바흐가 아니더라도 다른 가게나 장소에서 목적을 쉽게 이룰 수 있다는 뜻이지요.

저는 이를 자각하고 있기 때문에 고객 서비스를 가장 중시해왔습니다. 카페 바흐가 목표로 해온 것은 "커피 한 잔으로 일류 레스토랑이나 요릿집에 가까운 최고의 서비스를 제공한다."입니다. 간단히 이룰 수 있는 일은 아닙니다. 하지만 제대로 실현만 된다면 우리 가게로 발길을 돌리게 해줄 특별한 '무언가'가 생길 것입니다. 아마도 가게 스태프와 손님 사이에 이뤄지는 '사람 간의 풍요로운 관계'이자, 이를 통해 얻어지는 놀라움과 감동, 기쁨 등 인간에게 매우 소중한 감정일 테지요.

그렇다면 최고의 고객 서비스를 실현하기 위해 카페 바흐는 어떤 일들을 하고 있을까요. 우리는 고객 서비스를 기본적인 고객 서비스와 개개인을 위한 고객 서비스로 나누어 생각합니다. 기본적인 서비스가 다른 곳들에서 공통적으로 시행하는 보통의 서비스라면, 개개인을 위한 고객 서비스란 손님 한 명 한 명을 위한 맞춤 서비스를 뜻합니다. 카페 바흐의 스태프들은 기본 고객 서비스를 제대로 몸에 익힌 후, 개개인을 위한 서비스 자세를 습득합니다. 이로써 이상적인 고객 서비스가 완성됩니다.

自家焙煎珈琲屋
バッハ
営
業
中

내키는 대로 하는 서비스는 개성이 아니다

"프랜차이즈 체인점이 아니니까 정해진 대로 서비스할 필요는 없다. 나의 취향을 살린 자유로운 서비스면 된다. 이것이 곧 개성이다."

'개인 사업=자유분방=개성'이라는 생각은 위험합니다. 귀에 걸면 귀걸이 코에 걸면 코걸이 식의 임의적 해석에 불과하지요. 손님의 입장을 전혀 고려하지 않은 것이기 때문입니다. 절대로 기본을 소홀히 하면 안 됩니다.

예를 들면 기본 고객 서비스 용어 중에 "어서 오십시오." "감사합니다." "실례하겠습니다."라는 인사말들이 있습니다. 이 문장들은 스태프 전부가 반드시 사용해야 하는 말입니다. 이를 모르는 가게가 어디 있느냐고 반문하겠지만 의외로 지켜지지 않는 곳들이 많습니다. 모든 문제는 여기에서 시작합니다.

기본을 소홀히 하면
손님은 바로 눈치챈다

단골손님과의 대화에 몰두하다가, 처음 오는 손님에게 제대로 "어서 오십시오."라는 인사를 하지 않았습니다. 그러고는 손님이 테이블에 앉은 뒤 한참이 지나서야 물잔을 가져가지요. 이렇게 하면서도 본인은 무엇을 잘못했는지 모르는 경우가 많습니다. 가게에서 가장 금기시해야 할 행동입니다. 처음 오는 손님은 무시당했다는 느낌을 받고 가게에 들어와 테이블에 앉아서도 불쾌함을 지니게 됩니다. 이 불쾌함은 가게를 재방문하지 않게 만드는 중요한 요인으로 작용하지요.

기본을 소홀히 하면 손님을 불편하게 만들고 이런 상황은 정말 무서운 일을 초래합니다. 일부 손님에게는 좋은 가게일지언정, 다른 손님에게는 불친절한 가게로 기억돼 일부의 사람들만 모이는 장소로 전락합니다. 보이지 않게 손님을 떠나보내는 행위와 마찬가지죠.

손님에게 관심을 기울인다

최근 들어 타인에게 무관심한 사람이 많아졌다고 합니다. 하지만 개개인을 위한 서비스를 제대로 하려면 이런 세태를 카페에서 통용시켜서는 안 됩니다. 앞서 말했듯 개개인을 위한 고객 서비스는 한 사람 한 사람에게 초점을 맞추는 것이 기본입니다. 따라서 진심을 다해 손님을 관찰하고 살펴야 합니다. 그리고 손님에 관한 정보를 제때에 잘 축적해두어야 하지요.

물론 고객들이 요구하는 바는 제각각이기 때문에 이를 가능케 하는 일은 매우 어렵습니다. 때로는 고객이 기뻐할 것이라 여겨 행한 서비스가 도리어 기분을 망치게 할 수도 있지요. 하지만 손님의 특성을 제대로 파악하고 실천한다면 개인이 운영하는 가게만의 장점을 극대화시킬 수 있습니다. "이거다!"라고 할 만한 공식이나 정답이 없는 고객 서비스이기 때문에 보다 좋은 방법을 고민하고 실천해나가야 합니다.

손님의 마음을 읽으며 움직여라

　　기본적인 것과 개개인을 위한 서비스 두 가지를 설명해 드렸습니다. 여기서 더 나아가 '자세'에 따라 수동적인 서비스와 적극적인 서비스로 나눠볼 수도 있습니다. 수동적 서비스는 손님이 말하는 대로만 행하는 서비스입니다. 물을 더 달라면 물을 더 드리고, 에어컨을 켜달라면 켜주는 식이지요. 이대로도 좋은 서비스일 수 있으나, 카페 바흐에서는 적극적인 고객 서비스를 지향하고 있습니다. 다시 말해 손님의 입장에서 움직인다는 뜻입니다. 예를 들어보겠습니다.

- 커피를 테이블에 내려놓는다.
- 커피 잔 옆에 함께 들고 간 우유를 놓는다.
- 테이블 위에 놓여 있는 설탕통을 손님이 사용하기 좋은 위치로 옮긴다. 설탕통의 뚜껑을 열어놓은 후, 테이블에서 물러선다.

우유와 설탕 모두를 사용하는 손님에게 커피 내는 순서입니다. 그러나 손님 중에는 우유나 설탕을 사용하지 않는 사람도 있습니다. 그런 분에게 위와 같은 순서로 한다면 어떻게 될까요? '몇 년이나 이 가게를 다녔는데 아직도 내 스타일도 몰라주나?' 하고 서운해하지 않을까요? 스태프는 누구에게나 공평하게 서비스했다고 생각할지 모릅니다. 그러나 손님의 마음은 다릅니다. '나를 단골로 인정하지 않는구나.'라는 불쾌감을 가질 수밖에 없지요. 평등과 불평등, 소극적 서비스와 적극적 서비스의 진정한 의미를 깊이 생각하셔야 합니다.

그래서 카페 바흐에서는 커피에 아무것도 넣지 않는 단골손님에게는 처음부터 설탕과 우유를 내지 않습니다. 스푼도 제공하지 않지요. 스푼이 있으면 커피 잔을 들었다 내려놓을 때 불편하기 때문입니다. 또한 왼손잡이 손님의 경우에는 커피 잔을 들기 좋게 좌우를 바꿔서 냅니다. 얼핏 비슷해 보이는 사소한 차이지만 스태프가 한 번 더 고려해 적극적으로 서비스하면, 카페에 대한 손님의 만족도와 충성도는 훨씬 높아질 수 있습니다.

손님의 특성에 맞춰
카페를 구획하라

적극적인 고객 서비스의 주요 의미는 '고객을 보살핀다.'입니다. 여기에는 손님이 기분 좋게 시간을 즐길 수 있도록 최선의 노력을 다한다는 마음이 담겨 있습니다.

예를 들어 카페에 두 사람이 들어왔습니다. 모든 테이블이 비어 있다면 어떻게 하시겠습니까? "편하신 곳에 앉으세요."라며 손님이 자유롭게 직접 빈자리에 골라 앉게 할 수 있겠지요. 틀린 대응법이 아닙니다. 하지만 이런 경우 손님을 제대로 보살필 수는 없습니다. 카페 바흐에서는 같은 상황이라도 두 사람이 가장 쾌적하게 이야기할 수 있는 자리로 안내합니다.

카페 바흐는 특이하게 손님의 특성에 맞춰 카페를 4개 구역으로 구획했습니다. 카페가 입구에서 안쪽을 향해 길게 난 형태라 테이블은 통로를 끼고 오른쪽 벽면 좌석을 A구역, 오른쪽 안쪽을 B구역, 왼쪽

앞 테이블을 C구역, 왼쪽의 안쪽 카운터 자리를 D구역으로 설정했지요. 그래서 A구역은 함께 온 사람과 편하게 이야기하기에 좋은 자리, B와 C구역은 비교적 차분하게 시간을 보내기에 좋은 자리, D구역은 홀로 또는 커플 손님이 편하게 이용할 수 있는 자리로 마련했습니다. 이렇게 하면 혼자 온 손님이나 커플 또는 단체 손님, 수다가 많은 손님, 조용히 커피만 즐기는 손님 등 각자가 만족스러운 시간을 보낼 수 있습니다.

그리고 때때로 전혀 모르는 다른 손님에게 손님의 시선이 향하는 것을 방지하기 위해 스태프가 말을 걸기도 합니다. 혼자만의 시간을 갖기 위해 카페를 찾은 손님이 타인의 시선을 느낀다면, 혼자라는 사실에 위축될 수 있겠지요. 그리고 이 불편함이 카페 바흐를 다시 찾지 않게 만드는 요인으로 작용할 수 있습니다. 저는 카페 전체가 하나의 완벽한 오케스트라처럼 조화롭기를 원합니다. 그래서 자리 안내 하나에도 세심한 주의를 기울입니다.

잠재 고객을
가능한 넓게 상정하라

몇십 년에 걸쳐 가게를 유지하고, 발전시켜나가기 위해서는 가능한 한 잠재 고객의 폭을 넓게 둬야 합니다. 이 마음을 늘 간직하고 있었기 때문에 지금의 카페 바흐가 있다고 생각합니다.

예를 들면 젊은 부부 중에는 어린아이와, 때로는 할아버지 할머니와 함께 카페를 이용하고 싶다는 사람들이 있습니다. 그러나 어린아이에게 커피를 줄 수는 없는 일이지요. 또한 할아버지나 할머니 중에서도 "커피는 별로……."라며 고개를 가로젓는 분들이 적지 않지요. 만약 이럴 때 커피 이외의 음료가 없으면 젊은 사람들이 커피를 마시고 싶다고 해도 사랑하는 사람과 함께할 수 없기 때문에 카페를 찾지 않게 됩니다.

그래서 카페 바흐에서는 아이템 수는 적지만 커피 외에도 홍차나 우유, 주스, 소다 등을 제공하고 있습니다. 그런데 언젠가 커피전문점을 운영한다는 분이 바흐 블렌드를 마시며 카페에 대해 이것저것 묻고, 메뉴판을 쭉 훑어보더니 "커피를 주메뉴로 하면서, 우유나 주스까지 파는 것은 삼류나 하는 일이지요."라고 맹렬히 비난한 적이 있습니다. 당황스러웠지만 저는 확고한 신념이 있었기 때문에 우리의 취지를 설명해드렸습니다. 그러나 그분은 들은 체도 하지 않고 곧장 나가버리더군요.

마음 한켠이 씁쓸했지만 저는 아직까지도 제 선택이 틀리지 않았다고 믿습니다. 카페 바흐는 커피 마니아뿐만 아니라 어린이나 어르신 모두가 가벼운 마음으로 이용할 수 있는 사랑방 역할을 하고 싶었으니까요. 또한 고객층을 두텁게 해서 가게 운영을 안정시키려는 까닭도 있었기 때문입니다. 아마 이 점이 젊은 사람이나 커피 마니아만을 위한 커피숍과는 차별화한 전략이라고 생각합니다. 동네의 사랑방이라면 어느 누구라도 소외되거나 거부당해서는 안 되니까요.

커피를 좋아하는 사람의
폭을 넓혀간다

카페 바흐는 커피에 많은 신경을 쓰지만, 커피에 익숙하지 않은 초보자부터 커피 마니아까지 폭넓은 고객층이 이용하고 있습니다. 커피를 좋아하는 사람의 폭을 넓혀간다는 카페 바흐의 메뉴 전략이 주효했기 때문입니다.

자가배전 커피숍 중에는 "정말로 맛있는 커피는 강배전이지!"라며 약배전 커피를 팔지 않는 곳도 있습니다. 그러나 카페 바흐에서는 배전 정도에 따라 소프트 블렌드, 마일드 블렌드, 바흐 블렌드, 이탈리안 블렌드 네 종류를 갖추고 있습니다. 또 단품은 커피콩에 맞게 약배전, 중배전, 중간강배전, 강배전으로 제공하고 있지요. 그리고 누구라도 한눈에 배전 정도를 알 수 있게 메뉴에 분명히 표시를 해두었습니다.

약배전은 커피 초보자를 위한 입문용으로 매우 중요한 포인트라고 생각합니다. 저는 초보 손님들이 맛있는 약배전 커피를 많이 접하게 한 뒤, 단계적으로 더 깊이 있는 커피로 넘어갈 수 있도록 돕습니다. 커피에 대한 입맛이 고급화되면, 손님들은 다음 방문 때에 좀더 배전 강도가 높은 커피를 맛보고 싶어합니다. 이렇게 조금씩 조금씩 좋은 커피에 빠질 수 있도록 유도합니다.

스태프는 손님의 커피 취향 변화에 맞추어 배전 정도가 다른 커피를 권하곤 합니다. "지난번에 약배전을 맛봤으니까, 오늘은 중배전이나 중간강배전의 커피를 한번 드셔보시는 게 어떨까요. 또 다른 맛을 경험하실 수 있을 겁니다."라고 말이지요. 이러면 초보 손님은 호기심과 약간의 도전정신을 발휘해 조금씩 커피 마니아로 성장합니다. 커피 취향의 끈을 놓지 않도록 세심히 배려해 다음 단계로 이어주는 것, 그 과정에서 지속적으로 카페 바흐를 찾도록 만든 것이 카페 바흐의 성공요인이라고 생각합니다.

융드립에서 페이퍼드립으로
바꾼 이유

"커피 내리는 방식에 사이폰이 좋을지, 융드립이나 페이퍼드립이 좋을지 모르겠어요."

"사이폰은 클래식한 매력이 있지만 손이 많이 갈 것 같고, 융은 관리가 어려울 것 같고, 페이퍼는 다른 방식에 비해 무성의해 보이는 것 같고……."

커피 내리는 방법에 대한 질문을 자주 받습니다. 그럴 때면 저는 대체로 페이퍼드립을 권합니다. 카페 바흐에서도 페이퍼드립으로 내리고 있고요. 창업 당시에는 융드립으로 커피를 내렸는데 얼마 후 바꾸게 된 것입니다. 그 이유는 한마디로 말씀드리면 커피콩을 팔고 싶었기 때문입니다. 커피콩을 팔면 손님도 집에서 커피를 즐길 수 있게 되겠죠. 커피 전문가가 아닌 이상에야 좀더 수월하게 커피를 내리고, 재미를 느끼도록 하기 위해서는 페이퍼드립이 최고고요.

손님은 가게에서 마신 맛있는 커피를 본인이 직접 집에서 재현하고자 하는 욕구가 있습니다. 그럴 때 그들은 자주 찾는 단골 가게에서 사용한 기구와 동일한 것을 선택하게 될 것입다.

페이퍼는 위생적이며 다루기도 손쉽습니다. 간단한 방법만 배우면 누구라도 어렵지 않게 자신의 취향에 맞는 커피를 추출할 수 있지요.

그래서 우리 부부는 고심 끝에 그간 이어오던 융드립 방식을 버리고 페이퍼드립을 시작했습니다. 우리 부부의 결정이 주효했는지 페이퍼로 바꾼 이후 원두 판매량은 쑥쑥 늘어났습니다. 그래서 드립 커피 판매가 줄지 않느냐구요? 절대 그렇지 않습니다. 몸소 커피를 내려마시면서 입맛이 고급스러워진 손님들이 좀더 다양한 드립 커피를 찾기 시작했으니까요.

본인이 내린 특별한 커피와 사랑에 빠지게 되는 순간, 다른 커피 종류에 대해 더 많이 알고 싶어지는 건 당연한 이치입니다. 그럴수록 카페에서 판매하는 커피콩의 양도 늘어나고 커피 마니아층도 점차 확대될 수 있습니다.

원두 판매를 늘려가는 방향으로

"커피원두를 많이 판매할 수 있도록 해야 한다."

카페 바흐 그룹 점포를 운영하는 분들이 자주 하는 말씀입니다. 카페에서의 드립 커피 판매는 영업시간과 테이블 수가 한정돼 매출에도 한계가 있습니다. 게다가 매출이 오르면 그만큼 가게 운영비 및 인건비가 증가하는 반면 매출이 떨어지더라도 고정경비는 지출되지요. 또 임차인의 경우 부득이한 사정으로 이전해야 하는 상황도 허다하게 발생합니다. 근처로 옮길 수 있다면 좋으련만 가능하리라는 보장이 없고 멀리 간 경우 고객 확보부터 시작해야 하지요.

그러나 원두 판매는 장소와 관계 없이 고객과 언제나 연결될 수가 있습니다. 배전기와 커피원두를 놓아둘 작은 규모만 확보되어도 좋으며, 요즘은 온라인상에서 고객에게 직접 판매할 수 있기 때문입니다.

"그럼 카페를 창업하지 않더라도 평생 원두만 팔아도 되잖아요?"라고 반문할 수도 있습니다. 그러나 커피원두만 판매하는 경우 한계에 부딪히게 됩니다. 또한 카페 바흐에서는 디저트류를 함께 내기 시작하면서 커피 판매량도 늘어났습니다. 즉 원두 판매도 드립 커피 서비스와 균형을 이뤄나가는 것이 이상적이라는 뜻이죠. 단, 창업자금이 부족할 경우 원두 판매부터 시작해 어느 정도 여력이 생긴 뒤 카페를 병행하시길 권합니다.

수제 과자를
또 다른 주력상품으로 개발하다

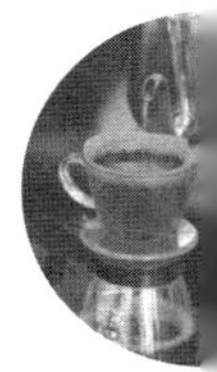

　　커피에 디저트류는 없어선 안 될 존재입니다. 레스토랑에서 식후에 나오는 커피나 과자와 달리, 카페의 디저트류는 메인 상품입니다. 카페 바흐에서는 수제 과자를 만들 때 커피처럼 정성을 다합니다. 그러나 그 기술이 완전히 다르기 때문에 디저트류 판매는 별도의 점포를 차리는 것과 마찬가지라고 생각해야 합니다. 잘하면 가게의 발전에 큰 공헌을 하지만, 그만큼 위험도도 매우 높습니다.

　제과제빵은 커피와 홍차를 완벽하게 마스터한 후 경제 상황이나 운영방식에서 여유가 생겼을 때 도입해야 합니다. 디저트류 때문에 커피나 홍차에 신경을 못 쓰게 되면 오히려 역효과를 초래할 수 있습니다. 또 "돈을 벌기 위해!"라며 무리하게 진행하면 꼭 그만큼 어딘가에 지장을 주게 마련이지요. 그러므로 지금 가게에 있는 스태프들이 하나씩 감당해나갈 수 있는 범위에서 시작하는 것이 바람직합니다.

전략상품은 서둘러
판매대에 올리지 마라

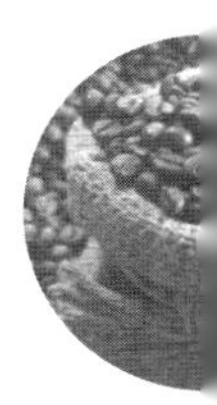

이익을 내는 것은 중요하지만 처음부터 욕심을 부려서는 안 됩니다. 큰 이윤을 창출하려고 하면 처음 생각과는 다르게 자꾸만 값싼 재료에 손이 가기 일쑤입니다. 그러면 자연히 맛이 떨어져 고객을 만족시킬 수 없겠지요. 하지만 서두르지 않고 한 단계씩 성장하는 것을 목표로 삼다보면 품질에 집중해 양질의 디저트를 만들 수 있습니다. 이런 제품을 꾸준히 내다보면 가격이 조금 비싸더라도 언젠가 손님들도 지지해줄 것입니다. 무엇보다 모든 면에서 손님이 좋아해야 한다는 사실을 잊지 않아야 합니다. 이 마음가짐을 지닌다면 디저트류를 커피와 어깨를 나란히 하는 또 다른 간판상품으로 탄생시킬 가능성이 높아질 것입니다.

그러나 새로운 상품을 팔고자 할 때는 반드시 약간의 휴지기를 가져야 합니다. 판매대에 올리기 전에 손님이 시식하고 그 맛을 기억하도록 만들어야 하지요. 예를 들면, 카페 바흐에서는 크리스마스 시즌에 독일의 전통적인 크리스마스 케이크인 슈톨렌(Stollen)을 선보이고 있습니다. 하나부터 열까지 수제이기 때문에 전량 예약으로 한정판매하고 있는데요. 15년 전 이 케이크를 메뉴에 넣었을 때 슈톨렌이 무엇인지조차 모르는 사람이 많았습니다. 그래서 손님들이 이 맛에 익숙해질 때까지 판매를 보류한 채 무려 일년간 시식만을 권유했습니다. 돌이켜보면 이 기간이 있었기에 슈톨렌이 카페 바흐의 전략상품으로 자리잡을 수 있었다고 생각합니다.

새로운 상품, 특히 고가의 제품은 손님이 인식하고 구매하기로 마음먹는 데까지 오랜 시간이 걸립니다. 따라서 얼른 팔아버리기 위해 성급하게 서두르지는 마십시오. 어차피 손님들이 잘 몰라 팔리지 않을 바에는 차라리 시식 기회를 마련하는 것이 좋습니다. 이로 인해 발생한 손실이 곧바로 이득으로 전환되는 것은 아니지만 때로는 선행투자적인 판매방법도 필요하니까요.

커피와 홍차는
어울리는 디저트도 다르다

커피와 홍차 둘 다 카페의 주력 상품이지만 어울리는 디저트류는 많이 다릅니다. 또한 먹는 방법도 상이하지요. 홍차는 과자를 먼저 먹고 그 다음에 홍차를 마셔서 입안을 개운하게 해줍니다. 그리고 다시 과자를 먹습니다. 홍차는 마치 스시를 먹을 때 입안을 산뜻하게 해주는 '초생강' 같은 역할을 하기 때문입니다.

반면 커피는 디저트를 먹은 후 뜨거운 커피를 입안에 머금습니다. 입안에서 커피와 디저트가 섞여 새로운 맛을 낼 수 있습니다. 이런 의미에서 입안은 최후의 조리기구가 되며 이 과정을 고려해 디저트를 개발하는 것이 중요합니다.

과자는 '연인' 빵은 '부부'

카페 바흐에서는 커피와의 관계를 과자는 '연인' 빵은 '부부'라고 표현합니다. 빵은 커피와 함께 거의 매일 먹다시피 하고, 과자는 가끔 맛보기 때문입니다. 카페 바흐에서는 과자류와 빵류 모두 수제로 만듭니다. 하지만 카페 바흐 그룹 점포 가운데에는 과자류는 만들지만 빵류는 구입하여 판매하는 경우도 있습니다. 이는 빵을 만드는 과정이 과자보다도 훨씬 어렵기 때문입니다.

직접 제빵하려면 제법 큰 규모의 설비투자를 각오해야 합니다. 발효시키고 굽기까지의 과정에 손이 많이 가는데도 불구하고 대형마트나 빵집과는 경쟁이 어렵고, 생산단가는 많이 비싸기 때문입니다. 또 일상적으로 먹는 빈도가 높기 때문에 한번 팔기 시작하면 매일 만들어내야 하는데, 당일에 채 판매하지 못한 빵들은 경영 압박을 낳을 수도 있습니다. 그래서 카페 바흐에서 한정된 양만 판매하고 있습니다.

식사 대용 빵을 만들어라

카페 바흐에서는 기본 상품 '잉글리시 브레드'와 베리에 이션 '오늘의 추천 빵'을 판매하고 있습니다. 잉글리시 브레드는 부드럽고 담백해 가정에서 주로 식사 대용으로 많이 찾으십니다. 그래서 카페 바흐에서도 매일매일 굽고 있지요. 통식빵 1개는 6500원, 반 개는 3,200원에 판매하는데요. 가게가 긴 연휴에 도입하기 전날에는 50개 상당의 주문이 한꺼번에 들어오기도 합니다.

잉글리시 브레드는 통식빵이라서 손님이 원하는 두께대로 썰어드리고 있습니다. 각자가 선호하는 식감과 사용 용도가 다르기 때문인데요. 사실 우리가 가장 맛있다고 생각하는 두께가 있지만 결코 이를 강요하지는 않습니다.

'오늘의 추천 빵'은
반드시 필요하다

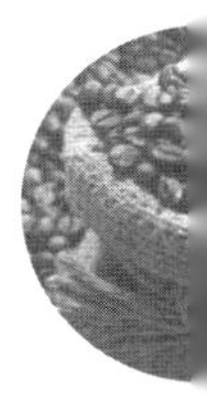

어떤 분들은 종종 "'오늘의 추천 빵'은 왜 만드셨어요?"라고 물어옵니다. 여기에는 두 가지 이유가 있습니다.

첫째는 앞서 말했듯 우리 가게 손님 대부분이 지역 단골인데다, 거의 매일 아침 출근하기 전에 방문해 간단하게 식사를 하고 가시기 때문입니다. 그런데 선택 메뉴가 잉글리시 브레드밖에 없다면, 아무리 좋은 것도 곧 질릴 수밖에 없겠지요. 그래서 정기휴일인 금요일과 월요일(월요일은 '오늘의 추천 빵'을 쉽니다)을 제외하고는 매일 다른 빵을 만들고 있습니다. 두 번째 이유는 기술적인 욕심 때문이었습니다. 한 가지를 잘하는 데에도 오랜 시간이 걸리지만, 어느 정도 숙달되면 태만해지기 쉽지요. 다른 메뉴를 시도하면서 제과제빵 기술을 향상시키고, 최고로 맛있는 빵을 탄생시키겠다는 포부를 '오늘의 추천 빵'에 담은 셈입니다.

공사혼동이 아닌 '공사융합'

　　"공과 사를 구분하라." 많은 직장인에게 하나의 진리처럼 통용되는 말입니다. 프로라면 업무와 감정적인 것들을 혼동해 능률을 떨어뜨리지 않을 거라는 이야기지요. 그런데 저는 가끔 의문이 듭니다. 정말로 무조건 공과 사를 분명하게 나누는 것이 좋은 일일까요? 사람들의 삶의 방식이나 가치관에 따라 평가가 달라지겠지만 우리 같은 개인 운영 점포들은 일과 사적인 생활의 구분이 잘 안 되는 경우가 많습니다.

　　이왕 그렇다면 일과 사적인 생활이 구분 안 되는 상태를 즐기면서 이를 긍정적인 힘으로 바꾸는 것이 좋지 않을까요? 이것을 저는 '공사융합'이라고 부르며 실천하고, 스태프들에게도 알아듣도록 설명하고 있습니다. 예를 들면, 우리 부부 모두 음악을 좋아하기 때문에 정기적으로 카페 바흐 주최로 음악회를 개최하고 있는데요. 지역 주민이나 음악을 좋아하는 손님들도 참가하여 매회 즐거운 행사를 만들어나갑니다. 그리고 이 음악회를 통해서 만난 여러 분야의 사람들과 지속적으로 교류해오고 있지요. 음악 덕분에 카페 바흐의 팬이 되어버린 분들도 많습니다.

이 음악회는 지역 주민들과 음악을 통해 진심으로 소통하기를 바라는 마음에서 시작한 것이었습니다. 절대로 이것을 판촉의 수단으로 삼지는 말자고 처음부터 다짐했지요. 이런 제 진심이 전달되었는지 음악을 좋아하는 사람들이 많이 찾아와 매번 열리는 음악회는 화기애애하게 끝나곤 합니다.

공과 사를 가르는 일에서 음악회를 통해 알게 된 사람들과의 교류는 어디에 속할까요? 일일까요, 아니면 사생활일까요. 분명 손님의 폭은 넓어지고 있지만 그렇다고 일이라고 할 수도, 사생활이라고도 딱 잘라 말할 수 없습니다. 음악을 좋아하는 사람들의 인품에 이끌려 교류가 이어지고 그것이 또 삶의 보람이자 일에 활력소가 되어주는 것입니다. 카페 바흐는 그 자리를 만든 것뿐이고요.

바로 여기에 개인이 경영하는 가게의 즐거움과 매력이 담겨 있습니다. 공사융합이란 개인 경영 점포만의 특징이자 다른 대형 프랜차이즈 점포와는 크게 다른 강점이라고 생각합니다.

부재료를 공급해주는 사람은
'을'이 아니다

'갑'의 위치에 서서 부재료 납품업자를 대하는 곳이 많습니다. "당신네들 재료를 써주고 있으니까……."라는 태도로 말이지요. 그러나 저는 이런 상황이 매우 안타깝고 어리석은 행동이라고 생각합니다. 납품업자들은 매우 소중한 파트너이자, 귀중한 정보원이며 가게의 평판을 높여줄 광고맨이기 때문입니다.

카페 바흐에서는 디저트를 만들 때 사용하는 사과를 나가노현의 토미나가 농원에서 들여옵니다. 토미나가 농원에서는 쓰가루, 홍옥, 양광, 북두, 왕림, 부사 등의 품종을 재배합니다. 그중 홍옥을 받아서 디저트류를 만들고 있지요. 그런데 이 홍옥의 수확시기는 10월 상순에서 중순까지 약 3주간으로 한정돼 있습니다. 그래서 이 시기 동안에 매년 필요한 양을 계약하여 농원의 창고에 보관해두고, 사용할 만큼만 한 상자씩 배송받고 있지요.

토미나가 농원의 사과는 제철의 맛있는 과일을 사용해야 하는 디저트에 없어서는 안 될 귀중한 재료입니다. 새콤달콤한 사과 맛을 기대하고 가게를 찾는 손님도 많을 정도니까요.

그렇기 때문에 우리가 만든 과자를 감사한 마음을 담아 토미나가 농원에 보내 그곳 사람들도 맛보게 합니다. 시기는 사과를 수확하는 처음과 중반 그리고 후반 3회에 걸쳐서 보내는데, 이는 수확시기에 따라 미묘하게 달라지는 사과의 향을 느끼도록 하기 위함입니다. 하지만 그렇다고 생색을 내거나, 인정에 호소하며 대금을 미루는 일은 결코 없습니다. 그저 각자가 하는 역할을 잘 이해하고 마음을 써주는 것, 그리고 할 수 있는 한 최대한 정을 나누는 것이 파트너십이라고 생각하기 때문이지요. 토미나가 농원분들도 같은 마음일 겁니다. 우리가 필요한 양을 주문할 때마다 사과 중에서도 최상품으로만 골라서 보내주시거든요.

앞서 손님과 가게가 함께 나누고, 풍요로워지는 것이 개인 경영의 본질이라고 말씀드렸지요. 그리고 이는 납품업자들과의 관계에서도 마찬가지입니다.

장애를 극복하고
카페를 연 사람들이 있습니다

40년이 넘는 시간 동안 카페를 운영하면서 받은 지역 주민들의 사랑에 보답하는 방법은 그만큼 훌륭한 커피를 보급하는 것이라고 생각합니다. 그래서 꼭 도쿄의 카페 바흐가 아니더라도, 저의 마음과 같은 동료들이라면 아낌없이 기술을 전수해주었지요.

그중에는 정신적 · 신체적 핸디캡을 지녔음에도 커피 관련 기술을 습득하고, 훌륭하게 자신만의 가게를 차린 분도 있습니다. 이름을 밝힐 수는 없지만 정신장애를 겪던 한 동료는 카페 바흐가 주최하는 커피 세미나에 참석한 것으로 인연이 닿아 상담을 받고 일년 정도 통학하면서 창업을 준비했습니다. 그 후 자신의 고향인 지방 소도시로 돌아가 가게를 열었고, 두 번째 지점을 낼 정도로 성장시켰지요.

자가배전 카페 '콰드리폴리오'의 개점을 위해 분주하게 준비하고 있는 야마구치 요시오 씨도 마찬가지입니다. 이분은 하반신이 마비돼

휠체어를 타고 생활하시는데요. 부엌과 베란다 사이에 있는 약 4평 공간에 바흐의 마이스터 시리즈 반열풍식 2.5킬로그램 배전기로 커피를 배전합니다. 마이스터 시리즈는 원두 고유의 맛을 재현하는 데 역점을 두고 개발한 오리지널 배전기인데 야마구치 씨가 앉아서도 안전하게 작업할 수 있도록 특별히 개량했습니다.

이제 막 카페 창업을 준비하는 사람들의 열의를 볼 때면, 특히 몸이 불편하지만 눈을 반짝이는 분들을 마주할 때면, 커피업계에서의 제 역할이 무엇인지 다시 한번 떠올려 봅니다. 나아가 일흔이 넘은 제가 후배들에게 어떤 사람으로 남아야 하는지도 고심하게 되지요. 어느 정도 카페가 성공궤도에 오르고 타성에 젖어갈 즈음 새로이 만난 젊은 커피 입문자들은 제게 굉장한 자극을 주는 소중한 분들입니다.

제3장

카페 바흐와 함께
나아가는 동료들

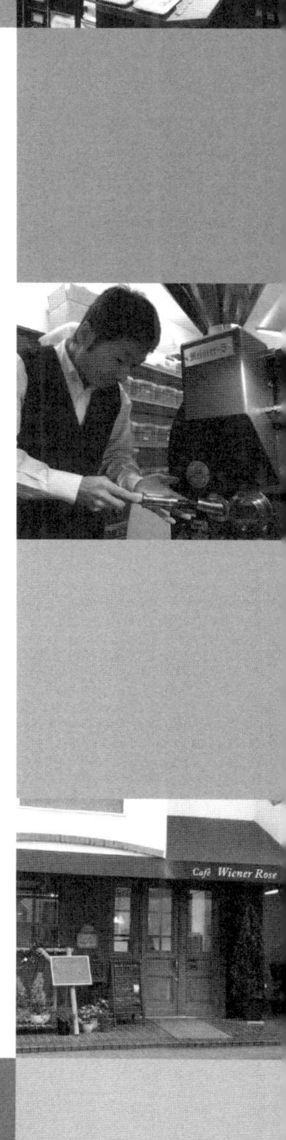

카페 바흐와 생두를 공동 구매하는 그룹 점포들은 전국 각지에 90개 이상 퍼져 있습니다. 또 그룹 점포뿐만 아니라, 안정적이며 지속적인 가게 운영에 필요한 기술과 지식을 공유하는 카페들도 증가하고 있습니다. 소중하게 맺어진 바흐의 인연들을 소개합니다.

카페 브레너
cafe BRENNER

사토 토모요시, 사토 사치코

다른 직업이 있음에도 신칸센을 타고
아키타에서 도쿄의 카페 바흐까지 다니며
3년간 기술을 익혔습니다.
그리고 마침내 우리 부부의
카페를 열었습니다.

도쿄에서 아키타 신칸센을 타고 종점인 아키타역까지 간 뒤, JR 오가센으로 환승합니다. 그곳에서 다시 세 정거장을 지나 데토하마역에서 내려, 차로 10분 정도를 달리면 '카페 브레너'가 있습니다. 이 지역은 겨울 중에서도 특히 2월, 살을 에는 찬바람이 연일 멈추지 않는 곳입니다. 개업일은 2002년 2월 11일. 그날 역시 아침부터 거센 눈발이 날리면서 사상 최저 기온을 기록하고 있었습니다.

아키타는 저의 고향입니다. 저와 아내 모두 커피를 정말 좋아해 예전부터 카페 바흐를 익히 알고 있었습니다. 도쿄에서부터 택배로 커피원두를 받곤 했지요. 그러다가 "도쿄에서 멀리 떨어진 오가반도의 끝에도 정말로 맛있는 커피를 알리고 싶다……."라는 마음이 조금씩 자라나기 시작했습니다.

그래서 타구치 씨에게 연락을 하고 저의 마음을 전했지요. 바흐 그룹의 일원이 되고, 본격적으로 자가배전 커피숍을 개업하기 위한 공부를 시작했습니다. 오픈하기 3년 전의 이야기네요. 그때, 저는 제 고향에 위치한 조그마한 회사를 다니고 있었습니다. 회사를 그만두고 커피 기술을 습득할까 싶기도 했지만 개업자금 확보가 우선이었기 때문에 저는 회사를 그만두지 않고, 쉬는 날을 이용해 바흐를 다녀갔습니다. 토요일과 일요일에는 신칸센을 타고 도쿄에 갔죠. 한 달에 2회 정도로 3년간 다닌 후에 오픈할 수 있었답니다.

배전기술을 익히고 어느 정도 자신이 붙자 연습용으로 배전한 커피 원두를 큰 가방에 넣어 아키타로 돌아왔습니다. 핸드피크하고 결점두를 제거한 후, 작은 봉투에 담아 지인과 커피를 좋아하는 사람들에게 나눠주었지요. 약 100명 이상 되었는데 그분들이 고스란히 카페를 오픈할 때 응원해주시고, 지금도 꾸준히 단골손님으로 찾아주십니다.

카페를 오픈한 지 벌써 9년째가 됩니다. 이제는 수제 과자류에도 도전하고 있는데요. 빈에 있는 카페 콘디토라이와 같은 가게를 만들고자 아내와 함께 애쓰고 있습니다.

카페 브레너

주소 아키타현 가타가미시 텐노우 에가와 가미야지 106—9
TEL 018—878—7879
영업시간 10시~19시
정기휴일 화요일 (경축일은 익일 휴일)
개업 2002년 2월 11일
평수 · 좌석수 15평 · 18석
객단가 12,000원
홈페이지 http://cafe—brenner.com/

아구리
AGRI

이치자와 슈우코, 이치자와 미유키

'야채를 사러 나온 손님이
잠깐 편하게 쉬어갈 수 있는 공간을 만들고 싶다.'
이것이 카페를 시작한 동기였습니다.

JR 후쿠시마역에서 태평양으로 자동차를 타고 40분 정도 달리면 이이다테무라에 닿습니다. 인구가 7,000명이 채 안 되는 작은 마을인 이곳에 후쿠시마시와 미나미소마시를 연결하는 카와마타센이 지납니다. 이 부근에 카페 '아구리'가 있지요.

1992년 11월, 산과 논밭에 둘러싸여 있는 벽촌에 자가배전 커피숍이 자리를 잡았습니다. 저는 이 마을에서 겸업으로 농사를 짓고 있었는데요. 그 이전에는 이 지역의 관공서에 근무하며 '고장 살리기'를 위한 활동을 많이 했습니다. 주로 마을사람들 간의 관계 개선에 집중했지요.

이후 관공서를 그만두면서 개인적으로 제 자신이 열정을 다했던 고장 살리기에 도움될 만한 일은 없을까 고민하기 시작했습니다. 당시 도로 옆에는 채소 직판점이 있었는데 장을 보러온 사람들이 잠깐이라도 쉬어갈 공간이 있다면 좋지 않을까라는 생각이 들었습니다. 그래서 카페를 열기로 마음먹었지요.

가게를 낼 때, 타구치 씨에게 여러 가지 조언을 받았지만 처음에는 아내 혼자서 일을 시작했습니다. 하루 온종일 손님이 딱 한 명 왔던 적도 있었지요. 그러나 우리는 한 명의 손님이라도 소중히 모셨습니다. 마음을 담아 정성스럽게 커피를 내리고, 손님의 얼굴과 마신 커피를 기억하려고 노력했습니다. 그래야만 손님이 다시 찾아왔을 때 자연스럽게 취향을 읽어 커피를 제공할 수 있을 테니까요. 이런 고객 서비스는 카페 바흐에 다닐 때 온몸으로 느끼며 배운 것입니다. 그리고 이 과정이 조금씩 손님을 늘려나갈 수 있었던 비결이 아니었나 생각합니다.

커피가 어느 정도 자리를 잡은 후, 타구치 씨의 가르침대로 우리는 빵과 케이크를 메뉴에 넣어 손님의 폭을 넓혀갔습니다. 당연히 매출도 비약적으로 증가했지요. 가게를 오픈하기 전에는 3년 후 월 원두 판매량 100킬로그램이 목표였습니다만, 현재는 평균 1톤에 달하고 있습니다.

아구리

주소 후쿠시마현 아이바군 이이다테무라 후카야우이치사와 200

TEL 0244-42-0550

영업시간 9시 30분~19시

정기휴일 화요일

개업 1992년 11월

평수 · 좌석수 23평 · 32석

객단가 14,000원

홈페이지 http://www.agricoffee.com/

03

카페 한즈
cafe HANZ

사토 마도카, 사토 마사미

사람과 사람 사이의
연결고리를 소중하게…….
지역 주민에게 사랑받는
카페를 만들고 싶었습니다.

샐러리맨을 그만두고, 마흔두 살이 되던 해 아내와 함께 가게를 오픈했습니다. 2008년 5월 9일, 요코하마시 나카쿠 네기시쵸에 처음 열었지요. 자세하게는 요코하마와 오오후네를 연결하는 JR 네기시센, 네기시역에서 내려 도보로 6~7분, 산업도로 연선의 네기시부도 교차로 근처에 있습니다. 자동차 통행량이 많지만 아침과 저녁 통근시간에 오가는 사람들을 제외하면 점심시간에도 사람이 별로 없는 곳입니다. 입지조건만 따져본다면 결코 좋은 곳이라 말할 수는 없는 곳이지요.

아주 오래전부터 막연하게 '장래에 나의 사업을 해야지.'라는 꿈을 가슴에 품고 있었지만, 자가배전 커피숍을 진지하게 생각한 것은 오픈하기 4년쯤 전입니다. 《타구치 마모루의 커피대전》이라는 한 권의 책이 계기였지요.

그 책을 읽고 저는 놀라움과 동시에 깊은 감동을 받았습니다. 자가배전 커피숍의 노하우와 기술을 아낌없이 공개하고 있었기 때문입니다. 카페 바흐라는 가게와 더불어 타구치라는 사람에게도 흥미를 느끼기 시작했습니다. '어떤 사람일까? 실제로도 이렇게 자상할까? 아니면 책에서만 번드르르한 말을 늘어놓은 것일까?' 저는 결국 직접 그분의 커피를 마셔보기 위해 아내와 함께 카페 바흐를 찾았습니다. 그러나 제게 더 큰 충격을 준 것은 따로 있었습니다. 바로 고객 서비스의 훌륭함이었지요.

스태프의 태도에는 손님을 향한 애정이 듬뿍 담겨 있었습니다. 또한 손님과 스태프가 깊은 신뢰로 엮여 있음을 확연하게 느꼈지요. 그들은 얼굴에서부터 한결같이 보람있는 일을 하고 있다는 자부심을 내비쳤습니다. 그곳을 다녀온 뒤 가슴이 마구 뛰기 시작했습니다. 저는 바로 카페 바흐에 연락해 트레이닝 센터장인 나카가와 후미히코 씨에게 상담을 받았습니다. 그리고 카페 바흐 그룹에 들어가 개업에 필요한 기술과 지식을 배워나갔지요.

회사를 다니는 동안에는 평일 퇴근 후 지하철을 타고 카페 바흐의 트레이닝 센터로 향했습니다. 늦은 밤까지 기술 습득에 전념하고, 주말에는 아내와 함께 배전과 핸드피크를 배웠습니다. 이런 활동을 일 년 이상 지속하며 조금씩 개업에 필요한 기술을 익혔습니다. 개업한 지 5년째, 아직은 소규모지만 마음 한구석에는 잘 될 거라는 믿음과 든든함이 가득합니다. 카페 바흐에서 배운 사람과 사람 사이의 연결 고리를 소중하게 여기면서 지역 주민들에게 사랑받는 가게를 만들기 위해 우리 부부는 최선을 다하고 있습니다.

카페 한즈

주소 카나가와현 요코하마시 나카쿠 네기시쵸 3–143
TEL 045–625–3922
영업시간 11시~20시
정기휴일 목요일, 셋째 주 수요일
개업 2008년 5월 9일
평수 · 좌석수 35평 · 17석
객단가 8,800원
홈페이지 http://www.cafehanz.com

04

카페 블레스 미
cafe BLESS me

타지마 마사히코, 타지마 카오루

우울증을 극복하고 부부가 힘을 합해
자가배전 커피숍을 열었습니다.
커피를 만나면서 제 마음은 평화로워졌고
건강한 삶을 되찾을 수 있었습니다.

손님들로부터 종종 이런 질문을 받곤 합니다. "오래 전부터 커피를 좋아해서 커피숍을 하게 되셨지요?" 그러나 저희는 조금 다릅니다. 저는 병에 걸려 회사를 그만두고 난 뒤에야 카페 바흐를 알게 되었습니다. 그리고 우연히 타구치 씨와 길게 얘기할 기회를 가졌지요. 제 이야기에 따뜻하게 귀를 기울인 타구치 씨는 카페 창업을 하라고 조언해주셨습니다. 마음을 다해 제 이야기를 들어주는 타구치 씨를 만난 것은 하나의 기적과도 같았습니다. 그 이후로 힘들 때마다 그를 찾아갔고 어찌어찌 흐르다보니 직접 카페를 오픈하고 있었습니다. 여기에 오기까지 숱한 어려움이 있었지만 전 신께서 우리가 이 일을 하도록 이끌어주신 것이라 생각하고 있습니다.

우리 부부가 인생의 전환기로서 '카페 블레스 미'를 개업한 것은 2004년 11월 26일의 일입니다. 우리 부부는 모두 크리스천이라 가게 이름을 블레스 미라고 붙였습니다. 구약성서에서 "신이시여, 우리를 축복하여 주소서."라고 말하는 야베스의 기도에서 따온 것이지요. 신의 축복을 기원하는 동시에 풍요로운 마음으로 손님들에게 서비스하려는 우리 부부의 마음을 담은 것입니다.

사실 자가배전 커피숍을 고려하던 때는 심각한 우울증 증상으로 인해 다니던 회사를 그만두어야 했을 무렵이었습니다. 하지만 죽으라는 법은 없는지 비슷한 때에 부친이 살고 있던 지역이 주거지역 개발지구에 포함되었습니다. 저는 부친이 계신 곳으로 이사를 하면서 가게이자 주택을 겸한, 누구나 편하게 쉬어갈 수 있는 공간을 구상했습니다. 그러나 시로부터 영업허가를 받을 수 없었지요. 그래서 생각 끝에 가게라는 특색을 띠면서도 원두를 팔 수 있고, 입지가 나빠도 어느 정도 매출이 확보될 수 있는 자가배전 커피숍을 내기로 결정했습니다. 이후 카페 바흐를 알게 되었고, 타구치 씨에게 모든 사정을 설명하며 상담을 받았습니다. 타구치 씨는 우리의 처지를 깊이 이해하면서, "괜찮아요!" "할 수 있어요!"라고 무한히 격려해주셨죠.

그래서 카페 바흐 그룹에 가입해 본격적으로 커피 기술을 습득하였습니다. 커피 추출, 핸드피크, 커피 배전 등을 배웠습니다. 익혀야 할 것이 너무 많아 벅차긴 했지만 단계적으로 일을 배워가면서 제 눈빛이 조금씩 달라지고 있음을 느꼈습니다. 우울증에 무기력했던 제 모습은 온데간데 없이 사라지고 매사에 신중하게 처신하려 노력하고 있었죠. 매일매일 충만한 하루가 이어지면서 체력과 자신감도 상승했습니다. 커피를 배우면서 비로소 진정한 제 자신을 되찾은 것입니다. 그래서 저는 간절히 바랍니다. 많은 사람들이 제 가게에서 편하게 머물다 가고, 집에서도 커피를 즐길 수 있게 되기를요. 한 잔의 커피가 주는 여유를 저희가 만들어낼 수 있기를 진심으로 소망합니다.

카페 블레스 미

주소 도쿄도 에도가와쿠 미즈에 3-16-3
TEL 03-3677-5223
영업시간 11시~19시
정기휴일 일요일, 둘째 주, 넷째 주, 다섯째 주 월요일
개업 2004년 11월 26일
평수 · 좌석수 15평 · 15석

05

카페 웨그
café Weg

쿠보 미유키

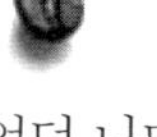

어릴 적 꿈이었던 나만의 가게를
자가배전 커피숍으로 실현했습니다.
또 다른 꿈을 이루기 위해 오늘도
한 걸음씩 나아가고 있습니다.

　　"언젠가는 나만의 카페를 만들고 말 거야." 이런 꿈을 지녔던 때가 있습니다. 그래서 처음에는 제빵 공부를 하기 위해 오사카에 있는 츠지제빵 마스터 칼리지에 입학했지요. 그 당시 카페 바흐 타구치 선생님의 특별강좌를 수강할 기회가 있었습니다. 차분하게 커피에 대해 이야기하시는 선생님의 모습을 보며 저는 의아함과 함께 호기심이 동시에 일었습니다. '도대체 저분의 평온함과 미소는 어디에서 오는 것일까, 커피의 무엇이 저 사람을 매료시켰을까, 나만의 카페를 갖는다는 건 어떤 의미일까?' 수업을 듣고 나서 추상적이었던 카페 창업이 좀더 구체적으로 다가왔습니다. 모든 것을 이룬 것처럼 보이는 선생님의 안정감이 부럽기도 했고, 한편으로 나도 못해볼 것 없다는 생각이 스멀스멀 솟아올랐습니다. 그러나 치기 어린 마음으로 혼자서 이것저것 책을 찾아보며 시작한 커피 공부는 하면 할수록 이상하게 '이 일이 아니면 죽을 것 같다'는 지경에 이르게 했습니다. 결국 달뜬 열정을 주체하지 못해 여름방학을 이용해 도쿄에 있는 카페 바흐로 찾아갔지요. 그곳에서 저는 타구치 선생님을 다시 만나 이런저런 이야기를 들었고, '나만의 카페'에 대한 확신이 생겼습니다. 어쩌면 제게는 칼리지에서의 수업이 지금의 자가배전 커피숍의 마중물이었는지도 모르겠습니다.

　　그러나 당시에는 창업자금이 없었기 때문에 칼리지 졸업 후, 일년

반 정도 고베의 빵집에서 일했습니다. 그 후 좋은 기회가 생겨 칼리지에서 만난 친구의 소개로 바흐 그룹의 '아구리'(164쪽 소개)에서 일하게 되었습니다. 후쿠시마현 아이바군 이이다테무라의 저 깊은 산속에 있으면서도 많은 손님들로 북적대는 명소에 6년간 몸담는 일은 아무나 누릴 수 있는 행운은 아닐 것입니다. 저는 이곳에서 과자와 커피 공부뿐만 아니라 손님이나 고장 사람들과 관계 맺는 법에 대해서도 많이 배웠습니다.

그 후 출신지인 오사카에 돌아와 저만의 카페 개업을 준비했습니다. 아르바이트로 자금을 모으고 오사카에서 두 시간이 걸리는 도쿄까지 2개월에 한 번씩, 총 3년에 걸쳐 다니며 커피 배전기술을 습득했지요. 비록 이제 막 걸음마를 뗀 신생 카페이지만 이전에 해외연수로 빈에 갔을 때 보았던 카페처럼 키워내는 것이 제 목표입니다. 과자와 커피를 함께 제공하고, 지역 주민들이 언제나 부담 없이 쉬어갈 수 있는 카페를 만드는 것이지요. 저는 이 꿈을 위해 오늘도 한 걸음씩 앞으로 나아가고 있습니다.

카페 웨그

주소 오사카부 오사카시 니시쿠 미나미호리에 2–13–16 카치우라빌딩 1층
TEL 06–6532–7010
영업시간 9시 30분~18시 30분
정기휴일 화요일
개업 2008년 12월 23일
평수 · 좌석수 11평 · 15석
객단가 8,800원

06

카페 비나 로제
café Wiener Rose

에자키 오사무

현장에서 사람들을 직접 만나고 싶어
교수를 그만두고 카페를 차렸습니다.
지역 주민에게 사랑받는
'자가배전 커피 & 수제 과자점'을
목표로 하루하루 살아가고 있습니다.

1952년 와세다 대학교를 졸업하고, 츠지요리사 전
문학교에 다시 입학했습니다. 졸업 후에는 은사님의 권유로 학교에
남아 제과 조수로 일했지요. 그동안 독일과 스위스로 유학을 떠나 제
과제빵 기술을 습득한 뒤, 1990년부터 제과제빵 주임교수로서 학생들
을 가르쳤습니다. 그리고 2007년 10월, 츠지요리사 전문학교를 퇴임
하고 지금 가게를 오픈했습니다. 꼬박 55세가 되는 해였지요.

저는 사람들로부터 왜 저만의 가게를 가지려 했느냐는 질문을 받습
니다. 이유는 여러 가지였지만 꼭 한 가지를 꼽자면 다시 실천하고 노
력하는 입장으로 돌아가고 싶었기 때문입니다. 전 아주 오랫동안 실
무보다 학생들을 가르치는 데 집중해왔으니까요.

그런데 지금의 카페에서 곧장 빵을 만들지 않았던 이유는 초기투자
에 어마어마한 비용이 들고, 나이도 나이인지라 아침 일찍부터 작업
하는 것이 부담이 됐기 때문입니다. 솔직한 심정으로는 약간의 불안
감도 있었지요.

자가배전 커피숍을 꾸린 데에는 츠지요리사 전문학교 시절부터 교
류를 맺고 있던 카페 바흐의 타구치 씨로부터 자가배전 커피숍의 매
력에 대해 들은 것이 크게 작용했습니다. 카페 바흐는 이전의 가게와
는 다르게 여성을 비롯한 폭넓은 고객층을 향한 서비스의 중요성과
손님과의 관계에서 얻는 즐거움을 한껏 누리고 있었습니다. 커피 전

문점의 상업화 시대를 연 선구자라고 할 수 있지요.

카페 바흐의 매력에 빠진 사람이라면 누구나 한 번쯤 자신만의 카페를 창업하고 싶다는 마음을 품게 될 것입니다. 저 역시 지역 주민들에게 사랑받는 '자가배전 커피와 수제 과자점'을 목표로 삼았습니다. 그리하여 제빵에 대한 지식을 바탕으로 커피 애호가만을 위한 커피뿐 아니라, 과자가 중점이 되고 이에 어울리는 커피를 만들어내려고 노력하고 있습니다.

카페 비나 로제

주소 오사카부 오사카시 츄오쿠 타마조오 2-25-18

TEL 06-6167-9488

영업시간 10시~19시

정기휴일 수요일, 다섯째 주 목요일

개업 2007년 10월 1일

평수 · 좌석수 15평 · 20석

객단가 14,700원

홈페이지 http://wiener.cocotte.jp

07

카페 반호프
cafe BAHNHOF

아베 토시아키

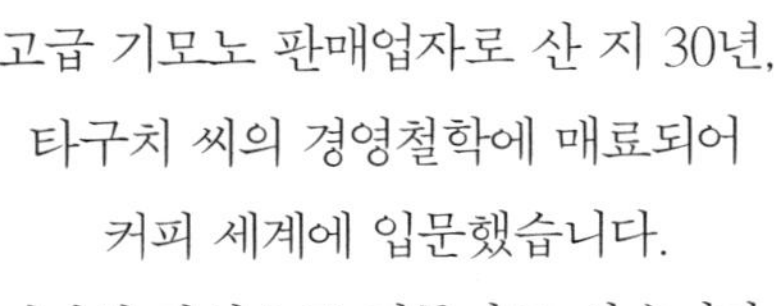

고급 기모노 판매업자로 산 지 30년,
타구치 씨의 경영철학에 매료되어
커피 세계에 입문했습니다.
커피의 장인으로 거듭나고 싶습니다.

저는 오사카시 후쿠시마구와 JR 오사카역에 인접한 한큐 3번가 남관에 두 개의 카페를 운영하고 있습니다. 후쿠시마구에 있는 것이 1호점으로, 2003년 제 나이 54세가 되던 해 오픈했지요. 저는 카페를 운영하기 전, 백화점에서 고급 기모노를 판매하며 30여 년의 세월을 보냈습니다. 젊은 시절에 그다지 커피를 즐긴 편은 아니었지만, 타구치 씨를 알게 되면서부터 커피에 대한 무한한 애정이 생겨나기 시작했습니다.

커피에 관심을 쏟게 된 것은 기모노를 판매하는 일과 카페를 운영하는 일이 뭔가 통한다고 생각했기 때문입니다. 제가 백화점에서 하던 일은 고급 기모노를 홍보하는 것이었습니다. 일반 판매용으로 전시되어 있는 보통 제품이 아니라, 인간국보로 지정된 분들이 만드는 희귀한 기모노였지요. 한 장에 1,400만 원에서부터 1억 4,000만 원을 호가하기도 했습니다. 하나의 미술품과 마찬가지였지요. 이런 기모노를 판매하면서 저는 '진짜'를 가려내는 눈을 얻었습니다. 세계에 딱 한 점밖에 없는 기모노의 가치를 인정해주는 분은 그렇게 많지 않기 때문입니다.

'기모노의 세계를 떠나더라도 어떤 일이든, 오직 하나를 만드는 정신으로 임하자!' 이런 생각을 굳게 하던 차에 타구치 씨를 만났습니다. 얼핏 보면 기모노와 커피는 전혀 다른 세계이지만 저는 타구치 씨

가 지향하는 자가배전 커피숍에서 손수 뭔가를 만들어내는 열정, 즉
'장인정신'을 느꼈습니다. 그래서 커피의 세계에 입문하게 되었지요.
백화점을 그만둔 후 츠지요리사 전문학교와 카페 바흐에서 각각 일년
동안 일하며 자가배전 커피숍 오픈을 준비해나갔습니다.

1호점을 오픈하고 예상보다 더 매출이 좋아 2년 후 한큐 3번가 남
관에 2호점을 열었습니다. 이 가게는 5평에서 시작하여 이후 10평,
15평으로 공간을 확장했습니다. 현재 카페와 매점을 합해 월매출 약
9,500만 원 실적을 올리고 있지요. 제가 지향하는 가게는 "그 카페에
가면 집에서 커피를 즐길 수 있도록 도와주더라."라는 말을 듣는 곳입
니다. 늘 한자리에서 지역 주민들과 함께 걸어나가는 카페이지요. 이
모든 것이 타구치 씨에게 배운 소중한 깨달음입니다.

카페 반호프

주소 오사카부 오사카시 후쿠시마구 요시노 1-14-8

TEL 06-6449-5075

영업시간 10시~20시 30분

정기휴일 부정기휴일

개업 2003년 6월 28일

평수 · 좌석수 20평 · 23석

객단가 10,700원

홈페이지 http://www.banhof.jp

08

콰드리폴리오
Quadrifoglio

야마구치 요시오, 야마구치 키요코

휠체어를 타고서도 다루기에 적합한
개량 배전기를 도입해
자가배전에 도전하고 있습니다.
맛있는 커피를 널리 알릴 수 있다면,
그보다 멋진 일은 없을 겁니다.

2006년 방 안 한쪽 구석, 약 4평 남짓한 공간에 2.5 킬로그램 배전기를 설치하고 본격적으로 자가배전 커피에 돌입했습니다. 그 전까지는 어떻게 배전기술을 배워야 할지 몰라 여러 커피 책을 보며 혼자 공부를 했는데요. 그중에서 제일 감명 깊었던 책이 타구치 씨의 《타구치 마모루의 커피대전》이었습니다. 논리적으로 씌어 있고, 꼭 필요한 정보들을 모두 담고 있어 직접 배우려면 책이 아니라 이 사람을 찾아가야겠다고 생각했습니다. 그래서 우선 카페 바흐에서 주최하는 모든 강습회에 참여했습니다. 그런데 문제는 강습회 장소인 도쿄로의 이동이었습니다. 전철로 갈 경우는 환승을 많이 해야 하기 때문에, 아내가 운전하는 차를 타고 갔지요.

교토에서 도쿄까지 약 8시간이 걸렸습니다. 강습회 장소에 도착하면 차에서 내리고 휠체어에 옮겨타 강습회에 참가했습니다. 2003년부터 2005년까지 5회에 걸쳐 수강했는데요. 정신적으로도 체력적으로 결코 쉬운 일이 아니었습니다. 하지만 타구치 씨로부터 "가능한 한 힘이 될 테니 포기하지 말고 열심히 해봅시다."라는 격려를 들었을 때는 진심으로 뭔가 해낼 수 있을 거라는 용기가 샘솟았습니다.

현재 사용하고 있는 배전기는 반열풍식 배전기인데요. 타구치 씨가 카페 바흐를 운영하면서 축적해온 노하우와 데이터를 바탕으로 개발한 오리지널 기계입니다. 이를 휠체어를 탄 상태로 배전할 수 있도록 설계해 야마토철공소에서 개량한 것이죠. 지금도 매일매일 배전에 대한 데이터를 축적하면서, 인터넷으로도 원두를 판매할 수 있도록 준비하고 있습니다. 서두르지 않고 과제를 하나씩 하나씩 해결하면서 기술을 익혀가려고 노력하는 중이지요.

비록 휠체어를 타긴 했지만, 커피에 대한 마음만큼은 누구보다 강인합니다. 제 꿈은 부부가 힘을 합해 좋은 커피 맛을 널리 알리는 것! 제가 배전한 커피를 많은 사람에게 선보이고, 조금의 희망을 나눠줄 수 있다면 이보다 더 멋진 일은 없을 겁니다.

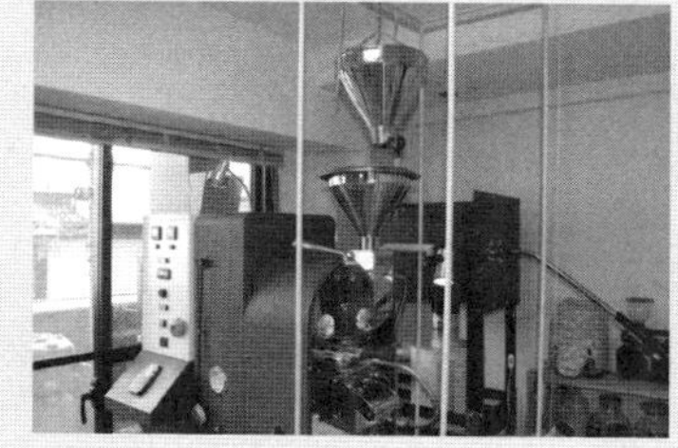

콰드리폴리오

TEL . FAX 075–311–6781

한 집 건너 한 집이 카페

요즘 거리를 산책하다보면 번화가가 아닌 골목까지에도 카페 혹은 커피 볶는 집이 있거나, 인테리어 공사하는 모습을 발견하곤 합니다. '한 집 건너 한 집이 카페'라는 생각은 이미 오래전부터 해왔지만, 그럼에도 카페가 자꾸 생겨나는 이유가 뭘까 하는 의문이 밀려옵니다.

내가 하면 달라

카페를 창업하려는 장소의 바로 옆이 카페를 하다 망한 곳임에도 불구하고, 새로운 카페는 뚝딱뚝딱 잘도 만들어집니다. '망한 곳'은 잘못된 방식으로 경영한 것이기 때문이며 '내가 하면 다를 것'이라고 용감하게 뛰어듭니다. 그러나 저는 운영시스템이 아니라 경영자의 마음가짐이 문제라는 생각이 듭니다.

장사를 할 것이냐, 커피를 할 것이냐

사람들은 자신만만하게 커피를 시작해보겠다고 합니다. 모양새도 좋고, 향도 좋고, 자신만의 공간에 지인을 불러모으기도 좋고, 잘 되면 돈도 벌고……. 처음에는 주인 스스로가 손님을 맞고, 자가배전 카페라면 매일매일 부지런히 콩 볶는 냄새를 풍기기도 합니다. 그러다 점차 바빠지면 콩을 많이 볶는 것도 버겁고, 커피 맛을 아는 사람도 얼마 안 되니 그냥 대충하자며 슬슬 요령을 부리기 시작합니다. '커피인'이 되고자 했을 때 중요시하던 커피 맛을 더 이상 고려하지 않는 것입니다.

주인이 좋아하는 커피 맛, 하우스 블렌드

하우스 블렌드는 카페의 주인이 추구하는 맛의 이미지를 형상화한 것이자 그 가게만의 특색을 보여주는 메뉴입니다. 그런데 이상하게도 '하우스 블렌드'를 가진 카페가 드물 뿐더러, 메뉴에 있어서 시키면 "블렌드는 어디서나 맛볼 수 있으니, 오늘 볶은 이르가체페를 드셔 보세요."라고 합니다. 어딘가 출발점이 잘못된 것은 아닌가 하는 생각이 맴돕니다.

타구치 씨의 바흐 블렌드

제가 일본에서 '커피 하는 사람들'을 이 잡듯 살피고 돌아다닐 무렵, TV에서 우연히 타구치 씨를 보게 되었습니다. 카페 바흐는 워낙 유명한 곳이라 잡지에서 여러 번 이름을 접했고, 그러잖아도 한번 찾아가

봐야지 마음을 먹고 있던 곳이었습니다. 하지만 '무엇이든 물어보세요' 류의 NHK프로그램에서 온화한 말투로 커피의 쓴 맛에 대해 설명하는 모습을 보고 있노라니 당장에 안 가볼 수가 없었습니다. 바로 다음날 무작정 카페 바흐를 찾았습니다.

가게에 들어서니 안쪽에 타구치 씨가 서계셔서 저도 모르게 반갑게 인사하며, 한국에서 온 유학생인데 어제 TV를 보고 곧장 찾아오는 길이라고 말했습니다. 그러자 타구치 씨는 가게 제일 안쪽으로 저를 안내하더니, 옆자리에 있던 단골손님에게 양해를 구하고 그 옆에 저를 앉도록 했습니다. 그러고는 조용히 커피를 내려 건네시며 "처음 왔으니 내가 좋아하는 블렌드 한 잔을 마셔보세요."라고 하셨습니다. 약간 상기돼 있던 터라 한 모금을 마신 후, 몸을 이완시켰습니다. 그리고 타구치 씨로부터 직원들이 카페 바흐 30주년 기념 해외여행을 준비하는 일, 사모님의 콩 볶는 솜씨가 본인보다 훨씬 뛰어다는 것 등 소소한 일상을 들을 수 있었지요. 처음 만나는 손님과도 편하게 대화하시는 모습을 보며 사람을 소중하게 여기는 분이라는 인상을 받았고, 결국 그날 다 풀지 못한 이야기보따리는 다음을 기약해야 했습니다.

첫 만남 이후, 10여 년이 넘은 지금도 저는 도쿄 출장이 있으면 일부러라도 카페 바흐를 찾습니다. 가끔 한두 명씩 스태프가 바뀌지만 대부분 오래 일하고 있는 직원들이며, 제 이름은 모르지만 얼굴을 보고 금세 알아차리고는 반갑게 눈인사를 건넵니다. 겨울이건 여름이건 저는 언제나 '바흐 마일드 블렌드'를 시킵니다. 커피 맛은 두말할 것도 없고, 타구치 씨를 처음 만났을 때의 따뜻함과 '초심'으로 다시 돌아가는 것 같은 느낌을 받아서입니다.

언제나 그곳, 그 맛, 그 사람들이 있는 카페

아직 그 가게가 있을까 하고 마음 졸일 필요 없이 제가 즐겨 찾던 카페들은 짧게는 20년, 길게는 30~40년이 넘도록 한 곳에 자리하며 오랜만에 찾은 나그네들을 기쁘게 맞아줍니다. 수많은 지역의 무수한 카페들과 이들의 차이는 어디에 있는 것일까요. 저는 카페가 존재하는 '목적' 자체가 다르기 때문이라고 생각합니다.

매일 가게를 찾는 단골에게 피해가 된다며 그 손님이 찾는 시간대에는 한 번에 몇십 잔 팔 수 있는 단체손님이라도 거절하는 마음, 열 잔을 더 팔아서 장부상 이익을 늘리기 위한 노력보다 커피 맛을 제대로 지키려는 마음, 열 명의 새 손님보다 그 카페의 커피가 좋아 단골이 된 손님 한 명에게 최선을 다한다는 마음을 지닌 곳. 테이블에 앉으면 냉수를 내려놓으며 "오시느라 더우셨지요, 오늘은 어떤 커피로 드릴까요?"라고 웃으며 주문을 받아가는 카페가 드문 요즘, 따뜻한 동네 커피숍이 진심으로 그립습니다.

커피나 해볼까

5년 전부터 한국에서는 커피와 관련한 이상한 기운이 감돌기 시작했습니다. 그전에도 원두커피와 카페는 있었지만, 갑자기 커피 붐이 일면서 그때까지 잘 운영되던 카페들이 '신격화'되고 있었습니다. 마치 역사가 깊고, 진짜 커피를 파는 고유한 곳이라는 양 말입니다. 커피 볶는 기계나 에스프레소를 뽑는 기계들도 마치 '만국박람회'처럼 세계 곳곳에서 모여들었습니다. 검증받지 못한 기계뿐만 아니라, 지금까지는 관심도 갖지 않던 생두들조차 없어서 난리가 났습니다. 정말로 기묘한 일이 벌어지고 있는 셈입니다.

카페를 차리고 배전을 배우기는 했으나 생두를 보는 기술이 부족한 사람들은 생두수입업자들의 말을 믿고 살 수밖에 없습니다. 제대로 정보를 주는 곳도 있지만 그렇지 못한 곳이 많으며, 설령 알더라도 '어차피 남들은 잘 모르니까.'라며 그냥 공급하는 곳도 적지 않습니다. 배전을 시작할 때 특정한 자격증이나 기술을 요구하지 않기 때문에 누구나 쉽게 시도하는 것이지요.

카페 바흐

그러나 제대로 된 한 잔의 커피를 내리기 위해서는 알아야 할 일과 해야 할 일이 생각보다 매우 많답니다. 반대로 대충하자면 한없이 손쉽게 할 수도 있습니다. 제가 타구치 씨의 《카페를 100년간 이어가기 위해》 번역을 맡게 된 이유도 여기에 있습니다. 해야 할 일과 알아야 할 일뿐만 아니라, 누가 알아주진 않지만 온갖 정성과 돈을 들여야 하는 일들, 그리고 매일매일 계속되는 반복적인 업무들을 묵묵하게 꾸준히 해오신 커피 장인의 육성을 많은 분들께 들려드리고 싶어서였습니다.

바리스타 자격증이나 우유에 커피로 그림을 그리는 기술적인 세계와는 차원이 다른 '커피인'의 오랜 카페 경영 노하우를 책에서 보았습니다. 단기간에 대박을 노리고자 카페를 창업하는 분들과는 거리가 먼 내용일지 모릅니다. 하지만 저는 카페 운영이 얼마나 힘든지, 얼마나 돈을 만지기 어려운지, 그렇지만 힘든 만큼 그 일에서 얻을 수 있는 기쁨과 보람이 얼마나 큰지, 제가 느꼈던 대로 고스란히 전해드리고 싶었습니다.

진정한 커피의 세계

깊이를 더할수록 속속 튀어나오는 무한한 매력들 때문에 도무지 헤어날 수 없는 것이 바로 커피입니다. 만약 정밀기계를 사용하여 커피의 성분을 분석해 커피 향을 도표로 그려내고, 커피의 깊은 맛을 농도계로 측정하여 품질과 매력을 다 설명할 수 있다면, 타구치 씨는 물론이며 세상의 커피인들 모두가 의미 없는 존재일 것입니다. 저는 수치로 설명할 수 없는 맛의 세계가 '커피인'들의 경험 속에 녹아 있다고 느낍니다. 그 긴 세월을 도표로 그려낼 수는 없지만, 커피 세계에 정중히 발을 들이는 순간 한층 더 깊이 있는 맛의 세계를 열 수 있으리라고 믿습니다.

한 잔의 커피에 온 마음을 기울이고, 카페를 통해 지역 공동체를 풍요롭게 가꿔나가는 제2, 제3의 타구치 씨 같은 커피인이 더 많이 늘어나길 간절히 바랍니다.

2012년 가을 문턱

윤선해

부록

소자본으로 자가배전 카페 시작하기 Q&A

실전 사업계획서 작성법

(감수 / 카페 바흐 트레이닝 센터 지도부 편)

Q 자가배전 커피숍을 개업하려고 구상 중입니다. 어느 정도 규모의 자금이 필요합니까.

A 예전에는 4,400만원에서 7,300만원 정도의 자금으로 개업할 수 있었지만 지금은 소규모 점포라 할지라도 어려운 상황입니다. 조건에 따라서 달라지지만, 일반적으로 7,300만 원에서 1억 5,000만 원 정도가 필요하다고 생각하세요. 대출을 받는다고 해도 어느 정도 자기자본을 가지고 시작할 필요가 있습니다.

Q 자금을 빌리려고 할 때 조달 방법에는 어떤 것들이 있을까요.

A 부모님이나 친척한테 빌려 이자 부담이 없는 것은 일단 자기자본으로 생각해둡시다. 그러면 크게는 금융기관에서의 대출이나 출자에 의한 자금조달이 가능해지겠지요. 금융기관으로부터 대출을 받으려면 민간 금융기관과 정부의 창업지원 등 두 가지 종류가 있습니다. 민간 금융기관의 경우 융자조건은 매우 엄격합니다. 예를 들면 담보나 보증인 유무, 사업의 장래성, 지금까지의 거래 실적 등을 따지기 때문에 꽤 까다롭지요.

이에 비해 융자를 받기 좋은 곳이 정부의 공적 지원입니다. 민간 금융기관으로부터 융자를 받기 어려운 소규모 사업자를 위한 융자를 목적으로 하기 때문에 금리가 낮고 반환기간을 장기간으로 설정하는 것이 가능합니다. 현재 정부 산하기관으로부터 받을 수 있는 창업자금의 유형은 '창업기업지원자금'과 '투융자복합금융', 그리고 '소상공인 창업 및 경영개선자금'이 있습니다. 또한 정부자금지원제도를 운영하는 대표적 기관이 '소상공인진흥원'인데 이런 곳을 방문하면 창업과 관련된 여러 교육과 훈련을 받을 수 있습니다.

출자에 의한 자금조달이라는 것은 출자라는 형태로 자금을 모으는 방법입니다. 이익이 생기면 제공받은 자금 액수에 비례하여 출자자에게 돈을 분배하는 것입니다. 사업이 잘 되지 않는 경우에는 제공받은 자금을 반환할 의무는 없습니다. 단, 출자자에 대해서는 매출과 이익을 정기적으로 보고해야 할 의무가 있습니다. 친한 사람으로부터 출자를 받을 경우에도 배당과 출자의 회수 조건을 정확히 결정해두는 것이 중요합니다.

Q 자가배전 커피숍을 개업하려고 할 때 필요한 것들은 무엇이 있을까요.

A 소자본으로 개업하는 것이기 때문에 가능한 초기 자본을 줄여야 하지만 꼭 필요한 것을 아껴서는 안 되겠지요. 이런 것들을 사전에 분명히 정해둬야 합니다. 자가배전 커피숍에 없어서는 안 될 것은 당연히 상품입니다.

(1) 상품의 재료가 되는 커피 생두.

(2) 원료인 커피 생두를 가공하기 위한 배전기. 그리고 배전한 커피를 담을 포장재.

(3) (1)과 (2)를 제대로 살려줄 기술.

(3)의 기술 중에는 물론 제대로 된 배전기술이 들어가 있지만 이것만으로 개업할 수는 없습니다. 예를 들면 커피 생두의 품질을 가려낼 기술과 지식이 필요하며 이외에도 커피 전반에 걸친 폭넓은 기능 습득을 요구합니다. 어느 것 하나 소홀히 해서는 안 되고요. 아무리 입지가 좋고, 가게 인테리어가 훌륭해도 기능을 제대로 습득하지 않으면 모두 무용지물입니다.

Q 자가배전 커피숍이라고 하더라도 여러 가지 운영 방법이 있을 텐데요. 어떤 영업 형태를 취하면 가장 좋을까요.

A 자가배전 커피점이라고 해도 여러 가지 형태가 있을 것입니다. 예를 들면 원두만 판매하는 곳, 카페만 하는 곳, 둘 모두를 병행하는 곳입니다. 또는 택배나 인터넷으로 원두를 판매할 수도 있겠지요. 어떤 영업 형태로 가게를 차릴 것인지는 각자 자금과 인원, 입지 등을 고려해 결정해야 합니다. 이때 주의해야 할 점은 결코 무리해

서는 안 된다는 것입니다. 또한 기술이 미숙할 때 시작하는 것은 과도한 욕심에 불과하다는 사실을 반드시 명심하십시오.

Q 바흐 그룹 점포들 중에는 처음에 점포 없이 시작해서 크게 된 곳도 있다고 들었는데, 어떻게 해서 그렇게 될 수 있었나요.

A 소규모의 자가배전 커피숍을 계획 중이라면 최소단위로 점포 없이 시작할 수 있습니다. 우선 획기적인 발상의 전환이 필요하지요. 가게는 사람이 있어야 하는 곳이지 덩그러니 건물만 남겨져 있는 곳이 아닙니다. 이렇게 생각해보면 반드시 그럴싸한 점포를 가지고 시작해야 할 필요는 없지요.

제가 지도한 가게 중에도 그렇게 시작해 성공한 사례가 몇 곳 있습니다. 지방에서 자가배전 커피숍을 개업했던 어느 분의 경우, 일반 가정집 주택 거실 귀퉁이에서 배전을 시작했습니다. 원두 판매에 중점을 두었기 때문에 주로 아내가 전화로 주문을 받고, 남편이 배달을 나갔습니다. 이렇게 조금씩 원두 구입에서 단골이 생겨나고 손님이 증가해, 입소문을 타면서 점차적으로 커피 사업을 키워가는 방법도 있습니다.

Q 점포 없이 택배 서비스로만 원두를 팔려고 한다면 어떤 것들이 필요할까요.

A 객석이 있는 카페가 아니라면 사실상 그렇게 많은 것이 필요하진 않습니다. 다만 배전기는 꼭 장만해야 하고, 그 외에 주문한 손님에게 원두를 배달할 때 필요한 오토바이나 자전거 정도가 있으면 되겠지요. 저울과 분쇄기, 포장재(봉투, 스티커)와 팸플릿 등도 구비합니다. 커피 생두는 보통 스무 가지 종류(합계 300~400kg) 정도를 갖추면 좋습니다.

Q 자가배전 커피숍을 개업하려고 할 때 인허가 조건 등에는 어떤 것이 있나요.

A 앞에서도 말했지만, 자가배전 커피숍에도 여러 가지 형태가 있습니다. 이 형태에 따라서 인허가 조건도 달라지기 때문에 잘 알아보셔야 합니다.

그리고 점포에서 음식을 제공할 경우에는 각 지자체에서 정하는 영업허가가 필요합니다. 지자체별로 허가 내용과 조건이 달라지기 때문에 개업을 희망하는 지역의 관공서에 문의하고 확인해야 합니다.

Q 최근 친환경적인 설비가 중요해지고 있다는데 꼭 주의해야 할 점은 무엇인가요.

A 배전기를 사용하기 때문에 방화설비가 꼭 필요합니다. 반드시 연통을 연결하여 배기를 시켜줘야 합니다. 이 점 분명히 유의하셔서 연통도 배전기의 일부라고 생각하고 갖추시기 바랍니다. 또한 최근 배기 연기가 공해라고 거론되기도 합니다. 특히 아파트 단지 등이 근접해 있는 경우에는 거주자로부터 민원이 들어올 수도 있기 때문에 설치 장소를 충분히 검토하셔야 합니다. 경우에 따라서는 집진기 또는 제연기라는 설비를 배전기와 연결시켜야 하는 상황도 발생합니다.

Q 커피 생두의 조달은 어떻게 하면 좋을까요.

A 커피 생두는 어디에서나 구입이 가능하지만 그렇다고 누구나 쉽사리 살 수 있는 것도 아닙니다. 가게를 열기 전에 커피 공부와 준비를 얼마만큼 했느냐에 따라서도 달라집니다. 빨리 오픈하고 싶은 마음에 생두에 관한 지식도 없이 창업하는 것은 망하는 지름길입니다. 오픈 전에 착실히 한 바탕 공부가 좋은 커피와 거래처를 만나는 기회로 이어진다는 것을 명심하세요.

Q 구체적으로 어떤 구매처가 있는지요.

A 생두 판매처로서는 상사, 생두 도매업자, 배전회사, 자가배전 커피숍 등 여러 곳이 있습니다. 이들은 취급하는 양에 따라 분류됩니다. 상사라면 몇만 톤, 도매업자는 몇백 가마 혹은 몇십 가마 단위로 생두를 다룹니다. 배전회사는 회사의 규모에 따라서 단위가 다르지만 취급하는 양이 적어질수록 킬로그램 단위의 단가는 필연적으로 비싸집니다. 반대로 취급하는 단위가 커지면 고품질의 생두를 안정적으로 공급받을 수 있을 테고요.

Q 카페의 기둥이라고 할 수 있는 하우스 블렌드를 선택할 때 어떤 점을 염두에 둬야 할까요.

A 블렌드는 그 가게의 간판이기 때문에 베이스 커피를 쉽게 바꿔선 안 됩니다. 임시방편으로 '때우기' 위해 커피콩 변경을 수시로 하면 손님의 신용을 잃게 되지요. 이런 점들을 충분히 고려하여 사용하는 커피콩을 신중하게 선정할 필요가 있습니다.

Q 블렌드 커피콩 종류를 선택하는 데 있어서 중요한 포인트를 알려주세요.

A 풍부한 양의 커피, 즉 안정적으로 공급받을 수 있는 커피를 베이스로 해야 합니다. 그 이유는 분명합니다. 희소성이 높은 커피나 특수한 커피를 베이스로 한다면 어떨까요. 커피는 농작물이기 때문에 해마다 수확상황이 다릅니다. 기후 변동으로 작황이 어려워지거나 수확량이 감소할 수도 있겠죠. 이럴 때 베이스로 정한 커피 가격이 폭등하면 입수가 곤란해지고, 당연히 큰 타격을 입을 것입니다. 블렌드용 커피를 선정할 때는 항상 최악의 상황을 미리 가정해보아야 합니다.

창업 초기에는 하루에 팔리는 양이 적기 때문에 희소성 있는 콩을 사용해도 그다지 문제가 안 됩니다. 그러나 점차 가게가 성장하면, 조금씩 콩 판매량도 증가할 테지요. 그때 충분히 맞춰나갈 수 있도록 미리 준비해야 합니다. 눈앞에 놓인 당장의 것에만 집중하지 말고 장기적인 안목에서 어떤 콩을 사용하면 좋을지 생각하십시오.

 사업계획서를 써보려고 합니다. 어떻게 하면 될까요.

A 사업계획서가 없으면 금융기관은 자금을 빌려주지 않습니다. 어떤 식으로 가게를 운영해나갈지, 계획을 어떻게 구현할지를 가능한 한 알기 쉽게 설명하는 것이 중요합니다. 사업계획서를 작성할 때 필요한 필수 항목에는 다음과 같은 것들이 있습니다.

(1) 개업 동기
(2) 업종·업태와 판매 계획(콘셉트)
(3) 장래 계획, 비전
(4) 개업 예정 시기
(5) 개업 예정 장소
(6) 개업 예정 장소의 입지적인 특성
(7) 점포의 규모(예상 정도)
(8) 투자 총액 견적
(9) 매월 지출 견적
(10) 손익분기점 매출액 산출
(11) 매출 예상(목표)

모든 내용을 가능한 알기 쉬운 형식으로 설명하는 것이 좋습니다.

(2) 판매 계획은 언제, 어디서, 무엇을, 어떻게, 얼마를 가지고, 누구에게라는 항목을 세워서 기입하면 좋습니다.

(8) 투자 총액 견적은 인테리어, 주방·설비비, 계측기·비품 구입비, 임대 보증금, 개업경비, 오픈 초의 운영 자금 합계로 산출합니다.

(9) 매월 지출 견적은 고정경비와 변동경비를 가지고 산출합니다. 고정경비는 매출에 상관없이 지출되는 경비입니다. 본인의 급여를 포함한 인건비, 매월 임대료, 그 외 월정액의 고정경비를 합산한 것입니다. 변동비는 매출에 의해 변동되는 것으로 매월 재료비, 수도광열비, 기타 변동경비 등을 합산한 금액이 됩니다.

(10) 손익분기점 매출액은 들어오는 금액과 나가는 금액이 같은 상태인 매출액을 말합니다. 즉 손해도 이익도 없는 본전의 매출기록입니다. 손익분기점 계산식은 214쪽을 참고하십시오.

(11) 매출 예상은 '이만큼의 매출을 올리고 싶다.'라든지 '이 정도의 매출이 확보될 것이다.'라는 예상입니다. 일일 매출은 객석수×객석회전율×평균객단가(요리+음료)로 산출됩니다. 아침부터 저녁까지 영업을 하는 가게라면 아침, 점심, 저녁 시간대별로 산정할 수 있는 객석회전율과 객단가를 산정하여 각각의 합계로 일일 매출을 예상합니다. 이렇게 산출한 일일 매상에 1개월 영업일수를 곱한 숫자가 월 예상매출이 됩니다.

*217쪽부터 설명한 기입사례를 참고해 작성해보십시오.

1. 개업 동기

2. 업종·업태와 판매 계획(콘셉트)

업종·업태

판매 계획(콘셉트) … 언제, 어디서, 무엇을, 어떻게, 얼마를 가지고 시작할 것인가

3. 장래 계획, 비전

4. 개업 예정 시기   년   월경 예정

5. 개업 예정 장소

6. 개업 예정 장소의 입지적인 특성

7. 점포의 규모(예상 정도)

① 점포 총 면적 (평/m²)

② 주방 면적 (배전실 · 카운터) (평/m²)

③ 객석 면적 (평/m²)

④ 객석수(테이블/의자) 석

8. 투자 총액 견적

① 인테리어 비용(바닥, 벽, 천장, 공조, 조명 등)

평당 단가 × 평 = 원

② 주방 · 설비비용

평당 단가 × 평 = 원

③ 기기 · 비품구입비

평당 단가 × 평 = 원

④ 임대 보증금(임대료 6개월분) 또는 토지구입비 원

⑤ 건설비(입주의 경우 불필요)

평당 단가 × 평 = 원

⑥ 개업경비(광고선전, 메뉴 인쇄비 등) 원

⑦ 개점 당초 운영 자금(손익분기점 매출의 2개월분) 원

■ 투자자본총액 ① + ② + ③ + ④ + ⑤ + ⑥ + ⑦

원

9. 매월 지출 견적

고정경비

① 매월 인건비

* 본인의 급여와 아르바이트 포함   원

② 매월 임대료   원

③ 그 외 매월 고정경비   원

* 감가상각, 차입이자, 렌트요금, 위생관리비, 보수유지관리비 등

■ 고정경비총액   ① + ② + ③   A   원

변동경비

④ 매월 재료비 (매출대비 비율 : %)   %

⑤ 매월 수도광열비 (매출의 5%)   5 %

⑥ 기타 매월 변동경비 (매출의 3%)

* 소모품, 잡손실 등의 경비   3 %

■ 변동경비율   ④ + ⑥ + ⑥   B   %

10. 손익분기점 매출액 산출

* 수익도 손실도 나지 않는 상태 (즉, 들어온 돈과 나간 돈이 같은 상태)

공식 손익분기점매출액 = 고정경비 ÷ (1 − 변동경비율)

* 변동경비율은 소수점으로 계산

A ÷ (1 − B)

■ 손익분기점매출액   원

11. 매출 예상(목표)

① 1일 … 객석회전율과 평균객단가(요리+음료)

* 평일과 휴일, 주말 등으로 방문객수는 달라지지만, 여기서는 평균으로 1일을 계산한다.

■ 카페

조식 시간대	객석회전율	회전
	평균객단가	원
중식 시간대	객석회전율	회전
	평균객단가	원
석식 시간대(저녁)	객석회전율	회전
	평균객단가	원
심야 시간대	개석회전율	회전
	평균객단가	원

* 시간대별 매출 = 객석수×객석회전율×평균객단가

■ 하루당 매출예상액(시간대별 매출의 총합계)	원
② 1개월 영업일수	일
③ 1개월당 매출예상액(하루예상매출액×영업일수)	원
④ 손익분기점매출액과 차이	원

1. 개업 동기

빈이나 프랑스 등 유럽의 카페가 생활의 일부로 정착한 모습을 보고, 저 역시 제가 나고 자란 지역에 뿌리를 내린 카페를 하고 싶다는 생각이 들었습니다.

지금까지 빵집과 카페에서 꾸준하게 일을 해왔기 때문에 하나부터 열까지 모두 스스로의 힘으로 해낼 수 있다는 자신감도 있고요.

대형 프랜차이즈 체인점이 성행하는 가운데, 정말로 맛있는 커피와 수제 과자를 제공하는 소규모의 내실 있는 가게를 만들고 싶습니다.

2. 업종 · 업태와 판매 계획(콘셉트)

업종 · 업태 … 자가배전 커피숍, 카운터를 포함하여 13석 정도의 카페

판매 계획(콘셉트) … 언제, 어디서, 무엇을, 어떻게, 얼마로 시작할 것인가

① 언제 … 8시부터 19시까지 주 6일 영업, 월 4일 정기휴일

　(예정은 화요일을 정기휴일로 생각하고 있습니다.)

② 어디서 … 종로구, 건물 1층 임대

③ 무엇을 … 커피원두 판매를 메인으로 하여, 카페에서는 단품 커피와 카푸치노 같은 베리에이션 커피를 제공한다.

④ 어떻게 … 카운터 너머로 커피 내리는 법을 어드바이스하거나, 커피콩의 기본 지식을 설명하여 원두를 판매한다.

　월 1회 정도 커피교실을 열어 가게의 단골을 늘리고, 지방에도 발송 가능하게 한다.(홈페이지나 이메일 개설)

⑤ 얼마로 … 커피콩 종류는 12가지 정도로 하고, 카페에서는 커피 한 잔에 5,900원~8,800원, 원두 판매는 100그램에 7,300원~8,800원으로 설정

⑥ 누구에게 … 지역의 중고령층의 샐러리맨이나 주부

3. 장래 계획, 비전

　제 역량에 맞는 경영을 하고자 합니다. 처음에는 10평 정도의 점포에서 시작하고, 소상공인지원센터에서 2,000만 원 차입하고, 이를 4년 이내에 상환하고자 합니다. 사업으로서 자리잡으면 좀더 넓은 점포로 이동하여 수제 과자 만들기에도 도전해볼 예정입니다. 그때는 회사를 설립하여, 사회의 일원이 되어 아르바이트나 파트타임이 아닌 정사원을 고용해 육성시키려고 합니다.

메뉴는 매년 몇 회씩 이루어지고 있는 경매 커피를 취급하는 등, 간판으로 내세울 만한 상품으로 준비할 예정입니다. 수제 과자도 매월 다른 제품으로 계절에 맞춰 만들 생각입니다.

4. 개업 예정 시기　　　　　　　　　　　　　　　　2012년 10월경 예정

5. 개업 예정 장소　　　　　　　　　　　　서울시 종로구 소재 빌딩 입주

6. 개업 예정 장소의 입지적인 특성

- 빌딩도 있고 아파트도 있는 중간적인 장소
- 주택지와 오피스가 혼재한 느낌
- 지하철역에서 도보 10~15분정도의 위치

7. 점포 규모(예상 정도)

① 점포 총 면적	10평 / 33m^2
② 주방 면적 (배전실 · 카운터)	4.5평 / 14.85m^2
③ 객석 면적	5.5평 / 18.15m^2
④ 객석수(테이블/의자)	13석

8. 투자 총액 견적

① 인테리어 비용(바닥, 벽, 천장, 공조, 조명 등)

평당 단가　2,932,000×10평 ＝ 29,320,000원

② 주방 · 설비비

평당 단가　6,523,000×4.5평 ＝ 29,350,000원

③ 기기 · 비품구입비

평당 단가　586,000×5.5평　＝ 3,220,000원

④ 임대 보증금(임대료 6개월분) 또는 토지구입비　　18,000,000원

⑤ 건설비(입주의 경우 불필요)

평당 단가　　×　　평 ＝　　원

⑥ 개업경비(광고선전, 메뉴 인쇄비 등)　　2,200,000원

⑦ 개점 당초 운영 자금(손익분기점 매출의 2개월분)　　40,640,000원

■ 투자자본총액 ① ＋ ② ＋ ③ ＋ ④ ＋ ⑤ ＋ ⑥ ＋ ⑦

122,730,000원

9. 매월 지출 견적

고정경비

① 매월 인건비

* 본인의 급여와 아르바이트 포함   6,600,000원

② 매월 임대료   3,000,000원

③ 그 외 매월 고정경비

* 감가상각, 차입이자, 렌트요금, 위생관리비, 보수유지관리비 등   3,000,000원

■ 고정경비총액 ① + ② + ③   12,600,000원

변동경비

④ 매월 재료비 (매출 대비 비율 : %)   30%

⑤ 매월 수도광열비 (매출의 5%)   5%

⑥ 기타 매월 변동경비 (매출의 3%)

* 소모품, 잡손실 등의 경비   3%

■ 변동경비율 ④ + ⑤ + ⑥   38%

10. 손익분기점 매출액 산출

* 수익도 손실도 나지 않는 상태 (즉, 들어온 돈과 나간 돈이 같은 상태)

공식 손익분기점매출액 = 고정경비 ÷(1 − 변동경비율)

* 변동경비율은 소수점으로 계산

12,600,000 ÷ (1− 0.38)

■ 손익분기점매출액   20,320,000 (천단위이하버림) 원

11. 매출 예상(목표)

① 1일 … 객석회전율과 평균객단가(요리+음료)

* 평일과 휴일, 주말 등으로 방문객수는 달라지지만, 여기서는 평균으로 1일을 계산한다.

■ 카페

조식 시간대	객석회전율	1회전
	평균객단가	9,500원
중식 시간대	객석회전율	2회전
	평균객단가	14,000원
석식 시간대(저녁)	객석회전율	2회전
	평균객단가	17,000원
심야 시간대	객석회전율	회전
	평균객단가	원

* 시간대별 매출 = 객석수×객석회전율×평균객단가

■ 하루당 매출예상액(시간대별 매출의 총합계)	929,500원
② 1개월 영업일수	25일
③ 1개월당 매출예상액(하루예상매출액×영업일수)	23,237,500원
④ 손익분기점매출액과 차이	+ 2,917,500원

옮긴이 윤선해

커피 세계를 기웃거린 지 25년, 일본생활 15년 동안 대학원과 국제교류연구소에서 경영학과 국제관계학을 전공하고, 에너지업계에 잠시 머물렀다.
하지만 대학 전공보다 커피교실을 열심히 찾아다니며 커피의 매력에 푹 빠져 지냈기 때문에, 일본에서 커피를 전공했다고 생각하는 지인들이 많을 정도다. 커피 한 잔이 주는 감동을 더 많은 이들과 공감하길 바라며, 언제나 더 '좋은 커피'와 '멋진 커피인'을 만나기를 열망한다. 한 잔의 커피가 세상을 아름답게 할 수 있다고 믿기에….
옮긴 책으로, 《커피 과학》《커피 교과서》《스페셜티커피 테이스팅》이 있다.
현재 후지로얄코리아 대표를 맡고 있다.

카페를 100년간 이어가기 위해

첫판 1쇄 펴낸날 2012년 9월 15일
첫판 2쇄 펴낸날 2018년 2월 20일

지은이 | 타구치 마모루
옮긴이 | 윤선해
펴낸이 | 지평님
본문 조판 | 성인기획 (010)2569-9616
종이 공급 | 화인페이퍼 (02)338-2074
인쇄 | 효성프린원 (031)904-3600
제본 | 서정바인텍 (031)942-6006
후가공 | 이지앤비 (031)932-8755
펴낸곳 | 황소자리 출판사

펴낸곳 | 황소자리 출판사
출판등록 | 2003년 7월 4일 제2003-123호
주소 | 서울시 종로구 통인동 135-2번지 2층(110-043)
대표전화 | (02)720-7542 팩시밀리 | (02)723-5467
E-mail | candide1968@hanmail.net

ⓒ 황소자리, 2012

ISBN 978-89-91508-94-1 13320

*잘못된 책은 바꾸어드립니다.